W0011539

VON TRAUMPAAREN UND PAARTRÄUMEN

CHRISTINE HAIDEN
PETRA RAINER

VON TRAUMPAAREN
UND PAARTRÄUMEN

RESIDENZ VERLAG

Bibliografische Information der Deutschen Nationalbibliothek
Die Deutsche Nationalbibliothek verzeichnet diese Publikation in der
Deutschen Nationalbibliografie; detaillierte bibliografische Daten sind
im Internet über http://dnb.dnb.de abrufbar.

www.residenzverlag.at

© 2014 Residenz Verlag
im Niederösterreichischen Pressehaus
Druck- und Verlagsgesellschaft mbH
St. Pölten – Salzburg – Wien

Alle Rechte, insbesondere das des auszugsweisen Abdrucks
und das der fotomechanischen Wiedergabe, vorbehalten.

Fotos, Umschlagbild Petra Rainer
Grafische Gestaltung, Umschlaggestaltung, Satz Sandra Gugić, Wien
Schriften Adobe Jenson, Neutraface
Gesamtherstellung CPI Moravia Books

ISBN 978-3-7017-3344-6

Sonderauflage der „Welt der Frau"
www.welt-der-frau.at

Christine Haiden ist Chefredakteurin der „Welt der Frau".
Außerdem von ihr in der Edition „Welt der Frau" erschienen:

Neue Wege – 17 Pilgerrouten, die verändern
Alle Tage Mut
Ja! Ein Trostbuch
Gute Suppen

INHALT

ACH, DIE LIEBE!

Am Anfang ist es immer schön: Schmetterlinge, Leidenschaft und hochfliegende Pläne. Nach einiger Zeit wird es dann gelegentlich zäh. Die Glut glost nur mehr vor sich hin, aus luftigen Faltern werden tönerne Tauben, und kühne Pläne verstauben in Schubladen. Aus. Aus? Als Paar zu leben, ist das schönste Wagnis unseres Lebens. Oft verbinden wir es mit unglaublichen Versprechen: Ein Leben lang! Nur du! In Zeiten, da Trennung fast schon Routine geworden ist, kann man auch fragen, was Paare zusammenhält. Warum bleibt man bei einem Menschen? Vermutlich, weil man eine Form gefunden hat, die Liebe und Alltag verbindet, die Schmetterlingen einen Landeplatz und Plänen eine Realisierungschance gibt. Wir haben Paare gefragt, wie sie ihre Träume vom gemeinsamen Leben umsetzen und wie sie sich den Geschmack des Wunders erhalten. Damit es schön bleibt. Lange. Für immer?

Christine Haiden und Petra Rainer

Gerlinde Kaltenbrunner und Ralf Dujmovits

KLARE SICHT UND WEITE WEGE

*Gerlinde Kaltenbrunner und ihr Ehemann Ralf Dujmovits
sind über das Bergsteigen ein Paar geworden. Das prägt auch
ihr Verständnis füreinander und vom gemeinsamen Leben.*

Man darf sich das gerne sehr romantisch vorstellen. Abend-
stimmung am Lhotse im Himalaya-Gebiet. 7300 Höhenmeter.
Die Abendsonne taucht die umliegenden Gipfel von Nuptse
und Mount Everest in ein betörendes Rot. Vom Süden drückt
der Monsun herauf. Es ist, sagt Ralf Dujmovits, „relativ warm",
nur 17 Grad unter null. Gerlinde Kaltenbrunner und ihr Partner Ralf beschließen, nicht im kleinen Zelt zu übernachten,
sondern im Freien. Der Sternenhimmel, die klare Nacht, und
dann der Heiratsantrag: „Willst du meine Frau werden?" Gerlinde Kaltenbrunner, die sich vorgenommen hatte, sollte sie je
heiraten, dann nur, wenn sie sicher ist, dass die Beziehung für
immer halten könnte, sagte – „Ja". Und war dabei mindestens so
aufgeregt wie wenig später bei der Hochzeit. Zuerst ging es aufs
Standesamt im Schwarzwald, wo die beiden ihr Domizil für
Aufenthalte im Tal aufgeschlagen haben, und später vor den
Traualtar in der barocken Stiftskirche von Spital am Pyhrn in
Oberösterreich. Der Pfarrer, der Gerlinde einst zum Bergsteigen gebracht hatte, traute die beiden. Besonders für Gerlinde
ein bewegender Moment, denn sie wollte ihr „Ja" zu Ralf auch
„vor der Schöpfung" ablegen.
Schöpfung, Natur, die schiere Größe der Bergwelt, das Zu-
rechtrücken der Größenverhältnisse zwischen Mensch und

Welt, das alles ist für das Paar von großer Bedeutung. Deswegen besteigen die beiden auch keinen Achttausender ohne vorherige Pusha. Das ist ein buddhistisches Ritual, bei dem die Götter des Berges gebeten werden, den Weg zum Gipfel freizugeben. Bisher waren sie den beiden wohlgesinnt. Sowohl Ralf als auch Gerlinde haben alle 14 Achttausender dieser Erde bestiegen. Gerlinde sogar ohne zusätzlichen Sauerstoff, Ralf war auf dem Mount Everest mit Unterstützung künstlicher Atemluft.

Was lernt man vom Leben auf dem Berg für eine Ehe? Wie geht man mit Konflikten um? Kann man sich Streit auf Tausenden Höhenmetern bei dünner Luft im kleinen Zelt überhaupt leisten?

„Am Berg haben wir keine Konflikte", meint Ralf ganz überzeugend. Die würden alle im Basislager ausgetragen. Am Berg müsse jeder seinem Gefühl folgen, da dürfe er sich vom anderen zu nichts verleiten lassen. Noch relativ am Anfang ihrer Beziehung machten sie eine einschneidende Erfahrung. Sie waren auf der Annapurna, einem anspruchsvollen Berg im Himalaya, unterwegs. Ralf wollte absteigen, weil er es für zu gefährlich empfand, den Gipfel anzupeilen. Gerlinde war überzeugt, dass sie es schaffen würde. Sie entschied sich, aufzubrechen, Ralf wollte zurückbleiben. Doch dann überlegte er es sich anders und stieg Gerlinde nach. Als sie ihn bemerkte, war sie gerade in einer sehr schwierigen Passage. Jederzeit hätte Eis abbrechen und auf den nachkommenden Gefährten stürzen können. Gerlinde bekam Angst und flehte inständig: „Bitte, lass da nichts herunterkommen!"

Zurück im Basislager und noch lange darüber hinaus diskutierten sie, was Ralf bewogen hatte, gegen seine erste Entscheidung doch nachzukommen. Gerlinde hegte den leisen Verdacht, dass es sein Ehrgeiz war, der ihn angetrieben hatte. Ihre früheren Partner hatten sich teilweise mit ihrem Erfolg schwergetan.

Drei Jahre später gab es dann eine ähnliche Situation am Lhotse. Gerlinde beschloss, Richtung Gipfel aufzusteigen. Ralf war die Lage aufgrund von Pulverschnee und Blankeis zu gefährlich. Er drehte um. Kurze Zeit später tat Gerlinde es ihm gleich. Zu ihrem Glück. Denn am Rückweg fiel ihre Stirnlampe aus. Sie hätte in der Dunkelheit biwakieren müssen, hatte nichts zu trinken mit. Der Tag endete dennoch mit einer Überraschung – es kam der Heiratsantrag.

„Wenn ich Hobby-Paartherapeut spielen müsste, würde ich jedem Paar empfehlen, dass man sich Freiräume zugesteht – und Entscheidungen, die anders ausfallen als die eigenen. Das macht den gemeinsamen Weg leichter. Ich glaube, wenn einer immer mitmachen muss, was der andere tut, geht das auf Dauer nicht gut", resümiert Ralf Dujmovits. „Und dass man dann zu diesen Entscheidungen voll und ganz steht", ergänzt Gerlinde Kaltenbrunner. Zuletzt hatten sie am Mount Everest wieder eine ähnliche Erfahrung. Sie wollten beide gemeinsam zum Gipfel. Doch am Morgen des Aufbruchs war Ralf müde, in einem Sekundenschlaf fiel ihm sogar die Teetasse aus der Hand. Er entschied sich, nicht aufzusteigen. Gerlinde musste sich rasch neu ordnen. Und erklomm den Gipfel. Ohne Funkgerät, ohne Satellitentelefon, um möglichst leicht zu sein. Ralf wartete auf sie. Es wurde ein Uhr mittags, halb zwei, drei. Ralf fühlte langsam ein Gefühl der Verzweiflung in sich hochsteigen. Dann, gegen Viertel nach drei, sah er eine Person – das musste Gerlinde sein. Sie wiederum hatte ihn weiter unten erwartet, sah nur das kleine Zelt, schaffte es mit letzter Kraft dorthin. Da ging der Reißverschluss auf und Ralf schaute heraus. „Du weißt gar nicht, wie ich mich gefreut habe, was das für mich bedeutet hat!" Gerlinde strahlt noch heute, wenn sie das erzählt. Und es ist eine Art inneres Leuchten, eine tief empfundene Dankbarkeit und Liebe, die sich Dritten dabei vermittelt. Ralf machte ihr Tee, wärmte sie und stieg mit ihr ins Basislager ab.

Apropos: In einem Basislager hatten sich die beiden 2002 auch kennengelernt. Beide waren mit getrennten Expeditionen am Manaslu in Nepal unterwegs. Gerlinde kam etwas später an und wollte, wie es unter Bergsteigern üblich ist, schnell im Küchenzelt Hallo sagen. Dabei lernte sie Ralf kennen. Der verliebte sich fast augenblicklich in die junge Österreicherin. Bei Gerlinde hat es dann bei der ersten gemeinsamen Expedition so richtig gefunkt.

Das Abenteuer Beziehung leben die beiden nun schon mehr als zehn Jahre. „Wir leben intensiv. Wir wissen, das Miteinander im Jetzt ist entscheidend. Es vergeht kein Tag, an dem ich nicht Danke sage, dass es uns gut geht; wo ich nicht bewusst daran denke, dass es auch vorbei sein könnte", sagt Gerlinde Kaltenbrunner. Viele Tage des Jahres verbringen die beiden ohnehin gemeinsam. Sei es beim Training, das praktisch an jedem Tag intensiv praktiziert wird, sei es bei Besteigungen und Expeditionen. Im Grunde trennen sich die beiden nur, wenn Gerlinde auf Vortragsreise geht.

Und wenn es einmal echte Probleme geben sollte, wenn einem von beiden etwas Gravierendes passiert? „Wir sind Menschen, die Probleme annehmen können, um dafür schöne Momente zu erleben", sagt Ralf. Gerlinde stimmt ihm zu. Am Berg und in der Liebe zählen offenbar ähnliche Dinge. Ralf formuliert es so: „Die Liebe lässt einen auch im andern aufgehen, wenn man sich aufeinander einlässt, sich ganz auf den anderen verlässt und nie vom anderen verlassen wird. Wir geben uns sehr viel Energie in unserer Liebe." Und Gerlinde sagt es so: „Ich habe oft das Gefühl, dass ich da oben frei bin von allem anderen. Das ist für mich das Wunderschöne, eine tiefe Freude, dass ich bin, und es passt, wie es ist."

SCHNELLE LIEBE

Tini Kainrath und Ronald Glaser trennt ein Altersunter-
schied von 16 Jahren. Der fällt aber kaum ins Gewicht,
meinen die beiden, angesichts dessen, was sie verbindet.

Vier Monate dauerte es vom ersten Rendezvous bis zur
Hochzeit. Dass diese so schnell kam, liegt an der großen
Vorliebe der 46-jährigen Tini und des 30-jährigen Ronald
für Tempo. Schnell macht Spaß. Und deswegen wurde auch
die geplante Hochzeit – „irgendwann" in Las Vegas – kurzerhand nach Melk in Niederösterreich vorverlegt. Beide waren
dort gerade bei den Sommerspielen engagiert und bestellten
kurzerhand das Aufgebot. Am Samstagvormittag ging es mit
zwei Trauzeugen aufs Standesamt, am Samstagabend stan-
den sie auf der Bühne. Die Premierenfeier wurde auch zum
Hochzeitsfest – wieso kompliziert denken?
Tini Kainrath ist seit vielen Jahren als Sängerin auf österrei-
chischen Bühnen geschätzt. Kein Wunder, dass der junge
Ronald Glaser zuerst einmal zurückhaltend war – nicht nur,
weil er noch in einer anderen Beziehung gebunden war.
Irgendwann nach einem Konzert suchte Tini bei der Tisch-
runde noch ein „Taxi", das sie heimbringen konnte. Ronald
bot sich an. Man plauderte im Wagen, tauschte Visitenkarten
aus. Dann wartete sie eine Zeit lang vergeblich auf seinen
Anruf. Schließlich doch das erste gemeinsame Date beim
Italiener. Große Sympathie auf beiden Seiten, und schnell
wussten beide: Das passt. Zuerst hieß es im Umfeld: „Die

Tini hält sich einen jungen Lover!" Doch spätestens bei der Heirat war klar: Die meinen es ernst. Zugegeben, das Paar ist nicht alltäglich. Tini Kainrath hatte zuvor eher Beziehungen zu älteren Männern, Typ Papa. „Aber da hatte ich oft das Gefühl, von mir wird mehr erwartet, als ich geben kann." Mit Ronald war es von Anfang an entspannt, „es hat einfach nichts dagegengesprochen." Und Ronald hat sich über das Alter von Tini nie Gedanken gemacht: „Wenn die Tini auf der Bühne steht und strahlt, darauf kommt es an."

Ronald war seit seiner Lehre bei den Wiener Pensionistenwohnhäusern als Haustechniker beschäftigt. Seine wahre Leidenschaft gehört aber dem Singen – und Elvis Presley. Als „Dick Wave" tritt er regelmäßig in die Fußstapfen des „King". Und überzeugt mit seiner Stimme derart, dass selbst seine Frau bei Aufnahmen nicht genau sagen kann, ob sie Elvis oder Ronald singen hört.

Ursprünglich dachte das junge Paar daran, die getrennten Wohnsitze beizubehalten. Doch dann entschloss sich Ronald, seinen Job aufzugeben und nur mehr Musiker zu sein. Die Dienstwohnung war weg und Tini öffnete ihm die Türen. Hatte sie ihm geraten, die Musik zur Hauptbeschäftigung zu machen? „Es wäre doch schade, wenn so ein Talent in irgendeinem Pensionistenheim verschenkt wird", meint sie schmunzelnd. Aber ihm dazu geraten? Nein. „Ich habe gar nichts gemacht, das ist meine Spezialität!" Gerade das begeistert Ronald: „Sie hört sich alles an, dann sagt sie ein bisschen was dazu, aber sie lässt einen selbst nachdenken. Das taugt mir so an ihr. Das ist super." „Dankeschön", erwidert Tini, „und mir taugt, dass es so irrsinnig schnell gegangen ist. Ich habe mir schon gedacht, dass es gut wäre."

Ronald schätzt an seiner Frau, dass sie weiß, was sie will. Vielleicht macht das auch der Altersunterschied aus? „Ich liebe das Älterwerden", sagt Tini, „weil alles klarer und einfacher wird." „Eine, die sagt, das mache ich und das bin ich, das mag ich, nicht eine, die nicht weiß, was sie will", ergänzt Ronald. Was Tini zu einem leichten Seufzer veranlasst: „Männer, die solche Frauen wollen, gibt es leider nicht viele."

Dass die beiden sich schnell füreinander entschieden haben, ist offenkundig. Könnte es genauso schnell auch wieder zu einem Ende kommen? Oder haben sie die Absicht, dass es für immer sein soll? „Sie meinen, für dieses Leben? Das wäre uns zu streng. Wenn man nur heiratet, wenn es dieses ganze Leben dauert, traut man sich vielleicht gar nicht zu heiraten", meint Tini. „Wenn ich versprechen müsste, dass es für das ganze Leben ist, würde ich es lassen, das kann ich nicht. Wenn es passiert, bin ich froh, und ich werde sicher daran arbeiten. Aber es gab in meiner Vergangenheit genügend Umstände, wo ich gefunden habe, es ist besser, ich trenne mich. Wenn es einmal einen Grund geben sollte, dass wir uns trennen – obwohl ich mir momentan keinen vorstellen kann –, würde ich es tun." Noch gibt es diesen Anlass jedenfalls nicht. Im Gegenteil. Die Heirat habe viel verändert. Ronald: „Es schweißt noch mehr zusammen. Es ist eine Bestätigung, dass man sich einig ist. Ich fühle mich besser und freier als vorher." Manche Fragen müsse man sich nicht mehr stellen, meint Tini. Zum Beispiel? „Wie ernst ist es dir eigentlich mit mir?" Selbst wenn man so wie die beiden sehr schnell geheiratet habe, nähmen sie es doch ganz ernst. Und daher brauche es auch etwas Einsatz für die Beziehung. Ronald sieht das ganz gelassen: Man sollte im Hier und Jetzt leben. Man sollte sich Zeit füreinander nehmen und Respekt voreinander haben. „Man sieht oft im Freundeskreis, wie die miteinander reden. Ein Wahnsinn! Wieso ist man da noch zusammen, wenn man so miteinander umgeht und sich fast schon beschimpft?"

Tini fühlt sich mit Ronald einfach gut aufgehoben: „Ich habe den Eindruck, dass er mich zu schätzen weiß, in der Gesamtheit. Dass ich mich auf ihn verlassen kann. Und dass er genauso mit beiden Beinen im Leben steht wie ich." Und charmant wie King Elvis streut auch Ronald alias Dick Wave seiner Frau Rosen: „Ich habe nicht gewusst, dass es so einfach sein kann wie mit Tini. Es geht wie geschmiert." Was diese nur bestätigen kann: „Ich bin ganz begeistert, dass ich jemanden gefunden habe, der mein Tempo mitmacht. Das finde ich super!"

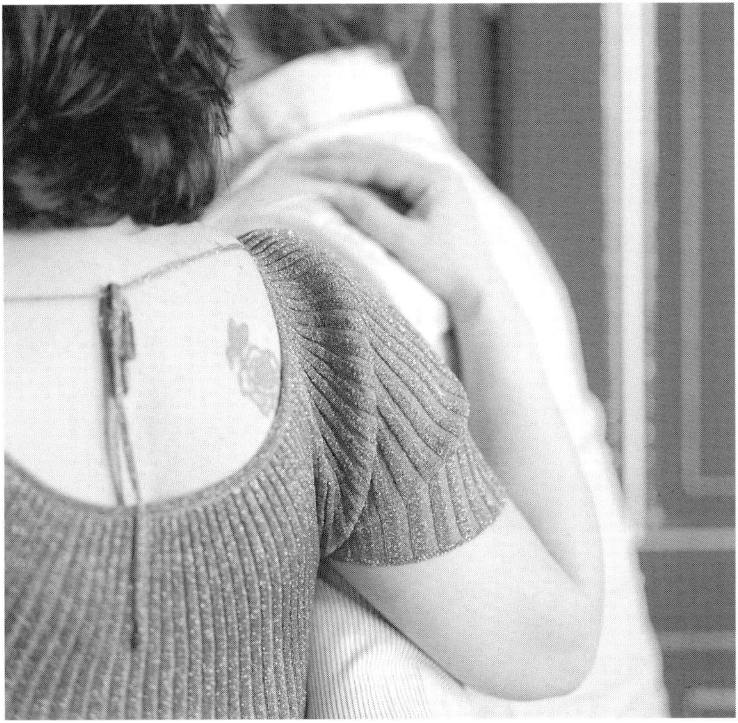

WAS LANGE WÄHRT ...

... führt einmal doch zur Ehe: Raimund Schützenhofer und Margarethe Pühringer haben fünfzig Jahre gebraucht, um vor den Traualtar zu treten.

Diese Liebesgeschichte erfüllt den alten Traum vom Happy End nahezu perfekt. Sie beginnt 1949. Raimund ist aus der Kriegsgefangenschaft zurückgekehrt. Bei einer Tanzunterhaltung lernt er Margarethe kennen. Sie, Gretl gerufen, ist eine lebenslustige junge Person; sie macht dem Mundl, wie sie ihn nennt, schöne Augen, wirft Konfetti, verliebt sich Hals über Kopf in ihn. Sie gefällt ihm ebenso, die beiden „gehen miteinander", wie man damals noch sagte. Als die Familie des Mundl davon Wind bekommt, versucht sie ihn umzustimmen. Mit immer stärkeren Argumenten: „Wovon wollt ihr leben? Ihr habt doch beide nichts. Such dir doch lieber eine Frau mit Hof." Mundl war weichender Erbe eines Bauernhofes, hatte keine Berufsausbildung, Hilfsarbeiter wäre die einzige Option auf ein Einkommen gewesen. Bei Gretl stand es mit den Aussichten nicht besser, sie war bloß ein „Häuslmensch". Schließlich ging die Familie von Mundl zu konkreten Vorschlägen über. Da gebe es eine, die den Hof ihres Onkels erben würde, er solle sich das überlegen. Schließlich kündigte er Gretl die Freundschaft. „Was willst du machen, wenn du arm bist und die anderen haben das Geld. Das war damals so", erinnert sich Gretl heute. „Das war damals so", pflichtet ihr Raimund bei. Er entschied sich aus Vernunft – und weil damals das Wort der

Eltern noch mehr gegolten habe als heute – für die andere Frau. „Das Bauernhaus war da", meint er pragmatisch.

Er heiratet also eine Frau mit Hof. Auch für Margarethe findet sich bald ein Bräutigam. Wenig romantisch darf man sich die Brautwerbung vorstellen. Ein junger Bauer, der daheim den Hof übernehmen sollte, stand an einem Sonntagnachmittag vor Gretls Haustür und meinte sinngemäß: „Wir brauchen jemand zum Arbeiten. Magst mich heiraten?" Sie sagte Ja.

So hatten sie beide einen Ehepartner, einen Hof und ein arbeitsreiches Leben. Gretl gebar fünf Kinder, war fast fünfzig Jahre verheiratet, pflegte ihren Mann die letzten Jahre seines Lebens. Mundl wurde Vater von acht Kindern, machte etwas aus dem Hof und führte mit seiner Frau ebenfalls fast fünfzig Jahre lang eine gute Ehe. „Mein Gott, wenn man ein paar Tage nichts miteinander geredet hat, das kommt in jeder Ehe vor. Aber sonst hat es nichts gegeben."

Dann sind beide Anfang, Mitte siebzig. Beim Begräbnis von Margarethes Mutter sehen sie einander wieder. Sie stellen fest, dass sie nun beide verwitwet sind. Drei Monate später sind sie miteinander verheiratet. Mundl wollte nach dem Wiedersehen nur „nachschauen", wo die Gretl nun lebte. Aber „die hat mich gleich umarmt, als ich das erste Mal gekommen bin", erzählt er lachend. Schnell wurden die beiden zum Ortsgespräch. Tatsächlich flammte die alte Leidenschaft wieder auf. „Wir haben uns richtig verliebt. Ja, richtig", sagte er. Das war rund um Nikolaus. Zu Ostern hatte Raimund vor, eine seiner Töchter in Deutschland zu besuchen und seine Freundin mitzunehmen. Davor sollte geheiratet werden. Margarethe: „Wir wollten nicht einfach nur so zusammenleben." Raimund: „Wir wollten unseren Enkeln ein Vorbild sein." Wie es sich gehört, hat er sie förmlich gefragt: „Willst du meine Frau werden?" Und Gretls Antwort? „Ist das dein Ernst?" Dann sei er erst nachdenklich geworden, meinen beide lachend. Am Faschingsamstag fand schließlich die kirchliche Trauung statt. Die jeweiligen Kinder und Familien waren dabei. Sie haben sich unterschiedlich rasch an den Gedanken gewöhnt, dass ihr Elternteil nochmals eine stürmische Liebe erlebt.

Heute leben die beiden einen Teil der Woche am Bauernhof von Gretl, wo sie ein Altenteil bewohnt, und den anderen Teil dort, wo Mundl der Altbauer ist. Sie arbeiten mit, wo es gewünscht wird, haben aber auch zu zweit keine Langeweile. Am Morgen, noch im Bett, macht Margarethe erste Turnübungen, um sich fit zu halten. Beim Frühstück achtet sie darauf, dass die Medikamentenausgabe reibungslos funktioniert. Schließlich haben sie der Wirtin, bei der das Hochzeitsmahl ausgerichtet wurde, angekündigt, auch die Silberhochzeit bei ihr zu feiern. Da wären sie dann 102 und 94 Jahre alt.

Natürlich, sagen die beiden, habe jeder in ihrem Alter schon seine Eigenheiten. Die müsse man halt nachsichtig ertragen. Gretl zum Beispiel hätte so gerne, dass Mundl weniger Most trinkt. Aber der besteht auf seinem Quantum von zwei Litern täglich. Dann sei sie etwas „von der extravaganten Seite", wie er es ausdrückt. Zum Beispiel wolle sie, dass er sich noch einen neuen Trachtenanzug für die Hochzeit eines Enkels kauft. „Das bringst du nicht zusammen, ich kaufe mir keinen mehr", hält er dagegen. Schließlich habe er schon einen Trachtenanzug, und es sei völlig egal, dass der nicht mehr modern ist.

Sie stört gelegentlich, dass er, wenn sie gemeinsam fernschauen, immer wieder dreinredet. Dann verstehe sie nichts. Dann stößt sie ihn an, und er reagiert beleidigt: „Jetzt sage ich nichts mehr." Bis er wieder anfange. „Im Nachhinein weiß ich ja nicht mehr, was ich sagen wollte", meint er entschuldigend.

War die zweite Ehe nun eine Liebesheirat oder auch eine Vernunftehe? „Vernunft gehört immer dazu. Nur von Liebe kann man nicht leben", kommt es ohne Zögern von Margarethe. „Nein, von Liebe allein kann man nicht leben", pflichtet ihr Ehemann bei und gibt ihr einen Kuss. Das Küssen, meint sie lachend, sei in den Ehejahren noch nicht weniger geworden. „Das andere geht eh nicht mehr so oft. Schwanger wird sie nicht mehr!", meint Raimund, verliebt, aber doch recht nüchtern. Daraufhin steht sie auf und holt ihm einen Krug Most. „Du weißt, was mich freut", bedankt er sich. Sie strahlt. Mit Mundl sei ihre alte Lebensfreude wiedererwacht. Wie lange werden sie es noch zusammen aushalten? „Solange wir gesund sind", meint Raimund, „müssen wir es aushalten!" Und dann lachen beide schallend, ganz „happy", mit Open End!

Heidi Schoissengeier und Florian Schachinger

ZUM GLÜCK FEHLTE BLOSS
DER FLORIAN

Heidi Schoissengeier war zuerst Geschäftspartnerin von Eva
Schachinger. Dass sie einst Ehefrau von Florian Schachinger
sein würde, hätte niemand erwartet, sie selbst am wenigsten.

Als Eva Schachinger an einem entspannten Abend, nach eini-
gen Gläsern Wein und gemeinsamem Musizieren, fast beiläu-
fig zu Heidi Schoissengeier meinte: „Du, ich muss dir etwas
sagen", antwortete diese noch nichts ahnend: „Was denn?" „Ich
möchte ein Mann werden." Heidi war zunächst fassungslos:
„Ich habe getobt und geheult und gesagt, bist du wahnsinnig,
wie soll das denn gehen?" Eva, die mit Heidi seit Längerem in
einem Haus wohnte, ließ ob der brüsken Reaktion der Freundin ihren lange gehegten Wunsch kurzzeitig fallen. Doch die
Fantasie blieb. Immer wieder recherchierte sie im Internet.
Fand heraus, was eine Geschlechtsumwandlung bedeuten
würde. Sie überlegte, wog ab, grübelte, fragte, wohin nun ihre
eigene Intuition sie führe. Bis sie sich entschied, alles unterneh-
men zu wollen, um endlich der Mann zu werden, den sie schon
lange in sich fühlte. Diese Entscheidung traf sie alleine. Ihre
schwierigste Zeit: „Da habe ich niemand gefragt, weil ich gewusst habe, die reden mir alle drein und sagen Nein." Sie ris-
kierte sogar den völligen Bruch mit Heidi. Doch der kam nicht.
Heidi war einige Jahre zuvor geschieden worden. Mit ihrem
ersten Mann hatte sie zwei Kinder und ein äußerst komfortab-
les Leben in finanziellem Wohlstand. „Ein goldener Käfig", sagt

sie heute. Mit Eva Schachinger gründete sie eine Firma, die sich bald auf die Konzeption von Webauftritten spezialisierte. Als „Frauenfirma" – man schrieb die frauenbewegten 1990er-Jahre – wurden die beiden sogar mehrfach ausgezeichnet. Im Auftreten fiel Eva immer als die eher Burschikose auf. Schlank und groß gewachsen, gerne mit Hosen und Rollkragenpullis, eher zurückhaltend. Heidi hingegen stach als auffallend geschminkte und wohlproportionierte Frau sofort ins Auge. Sie war die Durchsetzungsstärkere, vielleicht auch die Lautere. Wenn sie gemeinsam ins Büro fuhren, nahmen sie an schönen Tagen ein sportives Cabrio. Waren sie nun ein Paar oder nicht? Für die Umwelt war das nicht ganz klar. Für sie beide?

Eva hatte in jenen Phasen, als ihr Wunsch, auch physisch ein Mann zu werden, immer stärker wurde, nie eine andere Wunschpartnerin als Heidi. Sie stellte sich vor, wie es wäre, mit ihr Hand in Hand durch die Stadt zu flanieren. Als Frauen konnten sich das beide nicht vorstellen. Heidi fand damals die manchmal für sie recht männlichen Bewegungen und Verhaltensweisen von Eva zudem nicht angenehm. Offenkundig verdrängte sie aber alle Anzeichen. Nur ihre Tochter wies sie ein paar Mal darauf hin, meinte, Eva wolle lieber ein Mann sein; sie habe bemerkt, dass sie sich mit Online-Programmen zum Beispiel einen Bart aufgemalt hatte. Als Eva dann mit ihrem Entschluss, ein Mann zu werden, ernst machte, war Heidis Unsicherheit groß. „Ich hatte wahnsinnig Angst. Erst mal, was werden meine Kinder sagen, meine Eltern? Zuerst lässt sie sich scheiden, dann lebt sie mit einer Frau zusammen, und dann noch das!" Doch das Leben ändert sich ohnehin Schritt für Schritt. Zuerst musste Eva viele Stunden Psychotherapie absolvieren. Heidi hätte als Partnerin von Anfang an dabei sein können und sogar sollen. Aber es brauchte Zeit, bis sie dazu bereit war. „Dann habe ich erst verstanden, dass es in Eva ganz furchtbar aussieht. Auf einmal war für mich klar, ich muss sie zu hundert Prozent unterstützen. Das muss sie wissen." Neben vielen Ungewissheiten plagte Eva auch die Frage, ob es moralisch zu rechtfertigen ist, was sie im Begriff war zu tun. „Aber was ist wichtiger? Dass ich dem Moralkodex entspreche oder dass es mir gut geht? Da habe ich mich selbst gewählt. Ich möchte glücklich sein. Darauf kommt es an. Ich möchte ich sein."

Als neuen Namen wählte Eva für sich Florian. Schon als Kind wollte sie so heißen. Florian erinnert sich heute, dass er als Mädchen sehr unglücklich war, als sein Körper weiblicher wurde. Doch die Einordnung dieser Gefühle fiel schwer. „Was ist mit mir los? Bin ich verkehrt herum?" Intensiveren Beziehungen mit Männern sei sie zwar ausgewichen, eine Partnerschaft mit einer Frau habe sie sich aber nicht zugetraut.

Als die Hormontherapie einsetzte und die Operationen vorgenommen wurden, folgte eine anstrengende Zeit als „Zwitterwesen". Heidi und Florian zogen sich etwas zurück, wurden aber von Familie und Nachbarn vorbehaltlos unterstützt. 2009 war der Übergang von Eva zu Florian im Wesentlichen geschafft. Und da tauchte bei Florian eines Tages die Idee auf: „Wenn ich nun ein Mann bin, könnten wir ja sogar heiraten!" Er machte Heidi einen Antrag, und sie sagte Ja. Die Hochzeit wurde in Tracht und mit Pferdekutsche ganz groß zelebriert. Klar, dass die Familien dabei waren. Heidis Enkel fanden ihren Quasi-Opa und seine Geschichte ganz „cool". Heidis Eltern haben Florian längst zum Lieblingsschwiegersohn erkoren, wie sie sagt. Die Liebe scheint auch Angehörige großzügig zu machen.

Das Zusammenleben der beiden ist nun weniger eine stürmische, hoch erotische Liebesgeschichte als eine des tiefen Vertrauens und der wechselseitigen Geborgenheit. „Da ist jemand, den ich in die Arme nehmen kann, den ich streicheln kann. Das ist für einen Menschen oft wichtiger als fünf Minuten Sex", sagt Florian. „Mir geht es genauso", ergänzt Heidi. „Wir liegen abends im Bett, halten uns an der Hand, das ist schön. Der andere ist da, liegt an der Seite. Auch am Tag können wir uns zu hundert Prozent aufeinander verlassen." Noch immer ist Heidi die Sportlichere, nach außen Orientierte. Sie fliegt mit einem Segelflugzeug, golft gerne, während Florian die Arbeit im Garten liebt, das Malen und das gemeinsame Musizieren.

Bis Heidi tatsächlich „Florian" gesagt hat und ihr keine „Eva" mehr aus dem Mund gerutscht ist, hat es gedauert. Heute sagt sie: „Du bist mir so sehr Florian, dass ich dich mit der Eva nicht mehr vergleichen kann."

Worauf es in einer Beziehung ankommt? Florian ist sicher: „Dass man das Gefühl hat, man wird vom anderen gebraucht, geliebt. Obwohl es ab und zu Reibereien gibt. Aber dass man merkt, beim anderen fühle ich mich zu Hause. Da ist meine Seele zu Hause. Dem kann ich alles sagen, und man kann sich verlassen, der würde einen nicht hintergehen. Man ist füreinander da. Wenn es einem schlecht geht, soll der andere merken, dass er nicht allein ist, dann ist alles gleich halb so schlimm." Heidi hält einen Moment inne, legt Florian die Hand auf den Arm, schaut ihn an und meint: „Dem kann ich nichts hinzufügen. Genau so ist es."

Silke Hassler und Peter Turrini

DIE LIEBE IST EIN KIND DER FREIHEIT

Bei einer Lesung in der Alten Schmiede fiel vor vielen Jahren dem damals schon prominenten Autor Peter Turrini eine junge Literaturstudentin auf. Seit mehr als zwanzig Jahren leben Silke Hassler und er nun schon eine außergewöhnliche Beziehung.

„Gehen wir zu dir oder zu mir?" Welches Paar fragt sich das
nach Jahrzehnten der Beziehung schon noch? Zwischen den
Wohnsitzen von Silke Hassler in Retz und Peter Turrini in
Kleinriedenthal liegen fünf Kilometer. Zwischen ihren Treffen
meistens ein paar Tage, und sie funktionieren nach klaren
Spielregeln. „Wir sehen einander nur nach Voranmeldung.
Keiner schneit beim anderen einfach unangemeldet herein", erzählen die beiden unisono. Was für viele Paare undenkbar und
fast schon ein Beweis von mangelndem Vertrauen wäre, hält
beim Dichterpaar die Liebe frisch. „Alle meine Beziehungen,
die gescheitert sind, hingen mit der Tatsache zusammen, dass
ich die Mama nicht ertrage. Wann immer Frauen begonnen
haben, ungefragt meine Unterhosen auszuwaschen oder ein
Hemd zu bügeln, habe ich Beklemmungen bekommen und bin
geflohen. Ich kann mit Frauen nicht länger als drei Tage zusammenleben, ich halte eine Versorgung durch sie nicht aus",
erzählt Peter. Wie gut, dass Silke ähnlich tickt: „Ich könnte
auch nicht mit einem Mann zusammenleben. Ich habe es ein
Mal probiert. Es hat in einem Desaster geendet, mit seiner
schlichten Frage, warum ich die Wäsche nicht gewaschen habe.

Und ich habe gesagt, warum, es ist ja deine." Der längste Urlaub, den Peter und Silke gemeinsam verlebt haben, ging, meint Peter, fünf oder sechs Tage. „Nein, vier, fünf wäre schon zu riskant gewesen", korrigiert ihn Silke.

Dabei ist es nicht so, dass die beiden in völlig getrennten Welten leben. Ganz im Gegenteil. Seit Silke Hassler ebenfalls als Autorin und Dramatikerin tätig ist, verschränken sich ihre Interessen noch stärker. In seiner Fantasie und in seinem Mühen, dem Gedachten und Erfundenen eine literarische Gestalt zu geben, bleibt jeder für sich. Da kann es dann schon sein, dass ein Treffen abgesagt wird, weil gerade der Fluss eines Textes mehr Zeit braucht. Oder man sitzt gelegentlich nicht nur zu zweit am Frühstückstisch, sondern all die erfundenen Figuren, die in den Stücken auftreten wollen, machen sich ebenfalls breit – und ihre Autoren schweigen lieber und hören den „Geisteswesen" zu. Es kann aber auch sein, dass beispielsweise Peter einen Text oder ein Stück so weit geschrieben hat, dass er unbedingt Silkes Unterstützung braucht. Dann packt er seine noch auf einer altmodischen Schreibmaschine getippten Packen Papier und fährt nach Retz. Dort wird vorgelesen, ausgelotet, es werden treffendere Wörter gesucht, Wirkung wird getestet. Einmal haben die beiden sogar schon ein Stück gemeinsam verfasst, die Volksoperette „Jedem das Seine". Von Silke stammte die erste Fassung, daher scheint sie bei der Autorenangabe als Erste auf. Die Kritik wollte das aber nicht unbedingt zur Kenntnis nehmen und stürzte sich stets auf Turrini als den Prominenteren. Das hat ihn und Silke Hassler, die lange nur als die nun ebenfalls schreibende Lebensgefährtin des Autors der „Alpensaga" wahrgenommen wurde, empört. Da wurde sogar ihm, der sich nie als Feminist bezeichnen würde, klar, dass bei Frauen zwischen Familienstand und Arbeit stets ein Zusammenhang hergestellt wird – was Männern meist erspart bleibt. Die Arbeit am Stück selbst war für die beiden allerdings über weite Strecken auch eine Art biografische Debatte. Silke: „Man schmuggelt vieles, das man erlebt hat, in die Literatur. Je mehr Katastrophen man erlebt hat, desto größer ist der Fundus." Oft wurde um einzelne Wörter gestritten. Was gelegentlich zur pragmatischen Lösung führte, dass mit dem Rechthaben tageweise abgewechselt wurde.

Wenn Peter Turrini von Silke spricht, geht schnell die Bewunderung mit ihm durch. Beispielsweise sei sein „Silkerl" frei von jeglichem Moralisieren. Dafür gebe es viele Belege. Etwa, als er einmal ziemlich verspätet, um genau zu sein drei Stunden später als vereinbart, aus einem Weinkeller zu Silke gekommen ist. Unterwegs hatte er sich schon die üblichen Entschuldigungen ausgedacht: kein Handyempfang, Zeit übersehen, wichtiges Thema besprochen. Doch als er damit vor ihr anfangen wollte, meinte sie nur: „Mach lieber einen guten Strip, dann vergesse ich, dass du drei Stunden zu spät gekommen bist."

„Dafür, dass du betrunken warst, war der Strip ziemlich gut", lacht Silke noch heute. Weil sie Peter über alles liebe, piesacke sie ihn nicht. „Ich glaube, dass in Beziehungen dieses Heruntermachen und Nörgeln einsetzt, wenn die Liebe bröckelt." Sie konnte Peter, der sich stets als „Geistesmenschen, aber hässlichen Fettsack" gesehen hat, sogar etwas von dieser Selbsteinschätzung abbringen: „Die nachhaltige Zuwendung von Silke, auch an meinen Körper, mit sehr viel Gelächter und Liebe im Detail, hat mich langsam auf die Idee gebracht, vielleicht bin ich nicht nur schiach." Silke lacht. Mehrere Heiratsanträge von Peter hat sie nonchalant abgelehnt. Weil sie erstens nicht auf die wunderschön formulierten Werbungsreden verzichten möchte, aber auch, weil sie sich zweitens von ihm ganz anderes zusagen hat lassen: „Er musste mir versprechen, dass er nicht weniger als neunzig Kilo wiegt, sonst würde ich ihn verlassen. Ich will einfach keinen Geistesmenschen mit elf Dioptrien und Waschbrettbauch. Ich will diesen sinnlichen und frohen Menschen haben."

Dass ihre Beziehung nun ganz ohne übliche Konventionen schon mehr als zwanzig Jahre hält, ist für beide eine Freude. „Manchmal denke ich, furchtbar, wenn es morgen vorbei wäre. Aber die Liebe ist ein Kind der Freiheit. Ich würde sie niemals festhalten", sagt Peter. Was Silke zu einer Einschränkung veranlasst: „Ich hab's aber zeitweise gerne, wenn er mich festhält."

Peter Turrini hat mit Silke gelernt, wie wichtig es ist, Frauen genügend Platz für ihre eigene Arbeit zu geben, sie darin zu fördern und zu unterstützen. „Manche Männer wünschen sich die anhimmelnde, ewig präsente Frau. Alles Blödsinn! Je größer die Freiheit des anderen, je umfangreicher seine Erfahrungen in der Berufswelt, desto stabiler ist die Liebe." Liebe habe viel mit Respekt zu tun, und auch mit wirtschaftlicher Unabhängigkeit, ergänzt Silke. Hört man die Schilderungen, wie die vereinbarten Treffen der beiden ablaufen, gehören aber auch Aufmerksamkeit, Ästhetik und Lust dazu. Peter Turrini zelebriert in seinem ehemaligen Winzerhaus, das ein großzügiges, großbürgerlich anmutendes Ambiente hat, gerne opulente Abendessen mit Silke. „Da in mir ohnehin ständig das Chaos tobt, bin ich für Schönheit um mich herum." Man darf sich diese Feste durchaus romantisch vorstellen, manchmal gehört dazu sogar ein eigenes Gedicht für die verehrte Gefährtin.

Doch selbst wenn die beiden – ihrem künstlerischen Naturell fast entgegengesetzt – gut organisiert sind und sich an die selbst auferlegten Regeln halten, gibt es Ausnahmen. Die uneingeschränkt akzeptierte ist, wenn einer den anderen an-ruft und um ein Treffen bittet mit der Begründung: „Es muss sein!" Vielleicht liegt genau darin das eigentliche Geheimnis des Glücks.

Iny Klocke und Elmar Wohlrath

PAARWEISE BESTSELLER

Viele lesen Bücher der Autorin Iny Lorentz. Wenige wissen, dass dieses Pseudonym einem Ehepaar gehört: Iny Klocke und Elmar Wohlrath.

Dieses Paar ist wirklich unzertrennlich. Nicht nur zeitlich und räumlich. Iny und Elmar verbinden starke gemeinsame Interessen und der Wunsch, dass „niemals wer dazwischenkommt". „Wir sind erst einmal füreinander da, und dann kommt erst der Rest der Welt", sagt Iny Klocke. Elmar Wohlrath nickt: „Wir sind wir. Wir stehen für uns im Zentrum. Dann gibt es die Planeten, angefangen von den sonnennahen, unseren guten Freunden, hin zu den mittelfernen, das sind die Leute, zu denen wir immer wieder Kontakt haben, und dann die ganz fernen." Die beiden sind sich auf eine eindrückliche Art selbst genug. Dennoch sind sie nach außen extrem wirksam. Sie verfassen als Autorenduo Bücher. Mit unglaublicher Disziplin, mit ungeheurem Fleiß und mit einem fast schon sagenhaften Erfolg. Ihre Auflagen gehen in die Millionen, obwohl sie in den Feuilletons der großen Medien nicht besprochen werden. „Das war nie unsere Welt", meint Iny. Und Elmar ergänzt: „Wir haben gehört, wie viele Autoren kaputtgegangen sind, weil sie die Anerkennung dieser Leute gesucht haben. Sie haben ihre eigenen Leser verprellt, ohne dass die anderen sie auch nur wahrgenommen haben." Ihre Leser, das sind jene, die spannende Geschichten suchen, ob nun Fantasy, Krimi oder – Iny Lorentz' Spezialität – historische Romane.

Täglich um acht Uhr früh verschwinden beide in ihre Arbeitszimmer in einem Reihenhaus in München. Mittags essen sie zusammen, machen einen kleinen Spaziergang und arbeiten dann weiter bis zum Lichtausmachen. Das geht so sieben Tage die Woche. Und am Ende eines Jahres sind meist vier neue Romane entstanden. „Die Wanderhure" und all ihre Folgeromane stammen beispielsweise aus ihrer Feder. Oder „Die Tartarin" und „Die Ketzerbraut". Elmar ist der Konstrukteur der Geschichten, ihm fällt der Plot ein. Wenn er das Grundgerüst des Textes geschrieben hat, kommt Iny an die Reihe. Sie nimmt sich die Logik, den Aufbau und die Sprache vor. Bis zu fünf Mal geht ein Manuskript zwischen den beiden Arbeitszimmern hin und her, ehe es im Verlag landet. Wenn von dort Anerkennung für die Geschichte zurückkommt, ist das Wichtigste erledigt. Dass durch den Buchverkauf auch noch Geld in die Kassa kommt, ist natürlich willkommen. Die beiden sind stolz, sich nun eine schöne Einrichtung leisten zu können. Vor ein paar Jahren konnten sie sogar ihren Job kündigen, um sich ganz dem Schreiben zu widmen. Dass ihr Leben diesen Verlauf nehmen würde, war ganz und gar nicht abzusehen.

Beide holperten mehr in ihr Leben, als ihnen lieb war. Elmar sollte den Bauernhof der Eltern übernehmen. Er sah wenige Chancen, damit je auf einen grünen Zweig zu kommen. Seine Fluchtmöglichkeit war ein Fantasy-Club, dem er sich anschloss. Dort bekam er eines Tages als Neuzugang Iny zugeteilt, die er betreuen und in die Geheimnisse des Clubs einführen sollte. Iny schrieb ihm lange Briefe, er antwortete mit besprochenen Kassetten. Auch für Iny war das Reich der Fantasy ein Ausweg aus unerquicklichen Verhältnissen. Mit 17 wollte sie nicht mehr leben, zu unerträglich war es in ihrer Herkunftsfamilie geworden. In Elmar fand sie einen Menschen, der ihr zuhörte. Noch bevor die beiden sich real kennenlernten, waren sie einander schon sehr vertraut. „Wir kannten uns innerlich schon unglaublich gut, bevor wir uns äußerlich kennengelernt haben", sagt Iny. Elmar konnte „mit der normalen Weiblichkeit wenig anfangen, die nur ausgeführt werden und was erleben wollte". Ihm fehlte „die Tiefe". Iny sah ihn als „Kameraden, mit dem man wunderbar reden kann, mit dem der Stoff nie ausgeht, der einen versteht und auch einmal aufrichtet". „Es war das Gefühl, dass man hier den Menschen hat, mit dem man den Rest seines Lebens verbringen will", meint Elmar. „Richtig", bestätigt Iny, „deswegen habe ich mich auch nie nach Liebe gefragt. Das war für mich irrelevant. Verliebtheit haben wir nie gehabt." Geheiratet haben die beiden dann aus einer fast spontanen Laune heraus. Es gab Zank mit Elmars Mutter, und ihr wollten sie mit der Heirat zeigen, dass es ihr nicht gelingen würde, sie auseinanderzubringen. „Der Standesbeamte hat sogar gemeint, das wäre eine Scheinehe, denn es gab keine Ringe, keine Musik, kein Blabla", erzählt Iny. Ringe steckten sie einander erst viel später an, als sie welche mit Motiven aus „Herr der Ringe" fanden.

Auf die Idee, Bücher gemeinsam zu schreiben, sind sie übrigens fast zufällig gekommen. Beide verfassten Fantasy-Erzählungen, die sie bei Verlagen unterbringen wollten. Von einem Lektor kam schließlich die Rückmeldung, dass bei Elmars Text fehle, was in Inys Text gut sei – und umgekehrt. Da war es nur logisch, das Werk gleich von Anfang an zusammenzulegen.

Geht so etwas wie Schreiben überhaupt partnerschaftlich? Elmar meint, es gebe keinen anderen Weg, als partnerschaftlich miteinander umzugehen: „Ich könnte keinen anderen Menschen ertragen. Jemand, der sich mir unterordnet, wäre mir suspekt. Jemand, der mich kommandieren will, den beiße ich. Ich würde zurückschlagen." Iny kennt sich aus: „In dem Moment, wo ich mit Tricks und Schlichen versuchen würde, meinen Mann zu manipulieren, lässt er es vielleicht zu, und hinterher rächt er sich. Bei uns läuft das nicht so, aber ich kenne es aus anderen Ehen."

Reden und Diskutieren gehören zum Alltag von Iny Klocke und Elmar Wohlrath. Sehr häufig geht es natürlich um ihre Bücher, um die Geschichten, die entstehen. Iny schätzt an Elmar besonders seine Kreativität. „Es kommen so viele schöne Kleinigkeiten, so herrliche Szenen, wo ich mich köstlich amüsiere." Wenn man aber Tag und Nacht zusammen ist, kommen auch noch andere Charakterzüge zur Geltung. „Ich schätze seine Gutmütigkeit, mich zu ertragen. Ich gehe nicht einkaufen, ich bin eine miserable Hausfrau. Das Einzige, was ich im Kopf habe, ist, an der Maschine zu sitzen und die Texte zu überarbeiten. Das ist aber nicht so leicht für den Partner." Doch der beweist gleich, dass das Lob an ihm berechtigt ist: „Ich käme mit einem Frauchen nicht zurande. Das würde mich nach einem halben Jahr zu Tode langweilen." Dass es nicht so weit kommt, dafür sorgt Iny schon. Gelegentlich geht sie nämlich in die Luft, wenn sie sich über etwas sehr ärgert. „Aber dann sagt er irgendetwas, und ich fange an zu lachen. Er kann das abfangen, das kann nicht jeder", meint sie mit Blick auf ihren Schreib- und Lebensgefährten. „Du kannst gelegentlich explodieren, aber zum Glück nicht gegen mich", kontert der verschmitzt.

Erika und Ulrich Gregor

WEIL DIE WELT NICHT BLEIBEN DARF,
WIE SIE IST

*Erika und Ulrich Gregor sind seit mehr als fünfzig Jahren
verheiratet. Sie haben nicht nur zwei gemeinsame Kinder,
sondern auch eine gemeinsame Mission: den Film. Nicht zum
bloßen Vergnügen, sondern um damit etwas zu verändern.*

Wenn Erika und Ulrich Gregor nach einem langen Filmtag
in Cannes ins Hotel zurückkommen, sind sie meist müde.
Fünf Filme haben sie dann gesehen, dazwischen nur wenig
gegessen, sich Notizen gemacht. Ulrich überlegt beim Raus-
gehen aus den Kinosälen ein Kurzresümee und ist dann gespannt, ob Erika das auch so sieht. „Meist stimmen wir über-
ein", meint Ulrich. Nur über den allerersten Film, den sie
gemeinsam gesehen haben, „Menschen am Sonntag", sind sie
bis heute geteilter Meinung. Erika findet den Film aus dem
Jahr 1929 wenig humanistisch und vor allem frauenfeindlich.
Ulrich kann ihr da nicht zustimmen. Und das war schon am
Beginn ihrer gemeinsamen Geschichte so.
Beide studierten in den 1950er-Jahren an der Freien Univer-
sität Berlin. Ulrich organisierte dort einen Filmclub. Erika
ging eher aus Verlegenheit in die Vorführung von „Menschen
am Sonntag". Sie wollte einem Verehrer, der sie zu einer
Dichterlesung und einem Glas Wein eingeladen hatte, keine
falschen Hoffnungen machen. Also Kino. Im Anschluss gab
es dann noch eine Diskussion, die Ulrich leitete. Alle waren
vom Film begeistert – nur Erika erhob heftige Einwände.

Nach fast einer Stunde Debatte ging sie etwas wütend weg. Der Diskussionsleiter lief ihr nach und bat sie: „Bitte, kommen Sie wieder. So lebendig wie heute war das Gespräch nach dem Film noch nie!" Ob er sich zuerst in sie oder sie sich in ihn verliebt hatte? Nach einiger Zeit schlug Ulrich vor, sich doch zu duzen. Erika lehnte noch ab, sie wollte „keine Intimitäten". Doch 1960 wurde geheiratet. Die beiden nahmen ihre jeweiligen Zimmerwirte als Trauzeugen mit aufs Standesamt. Anschließend verspeiste man einen Toast Hawaii und brach sofort mit einem Freund im VW-Käfer Richtung Cannes auf. Die Filmfestspiele begannen am nächsten Tag. In der Hochzeitsnacht teilten sich Ulrich und der Freund das Doppelbett, Erika schlief auf der Ausziehcouch. Sehr romantisch! „Das geht doch nur die beiden an, die heiraten", sagt Erika. Böse Geister, meint sie ironisch, hätten gar nicht mitbekommen, dass sie verheiratet waren, weil alles so lautlos ablief. Wie es denn mit ihnen beiden so gehe, wollten manche Freunde auch heute wissen. „Ich sage immer, ich habe keine Ahnung. Vielleicht ist unsere Ehe längst im Eimer, aber ich habe keine Zeit, darüber nachzudenken."

Für Ulrich und Erika stand immer die gemeinsame Arbeit im Mittelpunkt ihres Lebens. Die Arbeit für den Film. „Wir hatten eine gute Arbeitsteilung. Ulrich hatte die Ideen und ich habe für die Umsetzung gesorgt." Zum Beispiel im Berliner Westen Filme aus Polen und der Sowjetunion zu zeigen. Politisch fast undenkbar in der geteilten Stadt. Aber Erika hatte den Mumm, auf unkonventionelle Weise diese Streifen zu organisieren. Sie waren beide von einer Mission inspiriert. Sie wollten durch das Zeigen von Filmen die Welt ein Stück besser machen. Erika hatte Germanistik, Anglistik und Geschichte studiert. Getrieben vom Wunsch, zu verstehen, warum ihr Volk, das Goethe und Schiller hervorgebracht hatte, in das unvorstellbare Morden des Zweiten Weltkrieges verfallen konnte. „Alles wurde danach vertuscht und schöngeredet. Das ging nicht, da mussten wir dagegenarbeiten", meint Ulrich. Mit dem Medium Film wollten die beiden zeigen, was in anderen Teilen Europas gedacht wird, wie Filmemacher dort mit Geschichte und Gegenwart umgehen. „Für mich kann die Welt nicht so bleiben, wie sie ist, und ich möchte, dass sie anders wird. Ich habe immer gehofft, dass wir durch unsere Arbeit ein bisschen dazu beitragen können, dass Vorurteile abgebaut werden und die Leute ein bisschen menschlicher werden", erklärt Erika.

Lange betreiben die beiden ihre Filmvorführungen ehrenamtlich. Ulrich verdient den Familienunterhalt als Filmjournalist, seine Frau kümmert sich um die beiden Töchter. Schließlich betreiben sie ein eigenes Kino, das „Arsenal", und bekommen beim Filmfestival Berlinale eine eigene Programmschiene. Sie nennen es „Forum des Jungen Films". Dort zeigen sie, das ganz bürgerlich und seriös wirkende Paar, „kämpferische" Filme; sie fördern junge Regisseure vor allem aus Ländern, die Andersdenkende mit Zensur belegen. Die Gregors unterstützen mit einem ersten „Frauenfilmfestival" auch die neue Frauenbewegung. Am Wochenende verborgen sie sogar ihre Kugelkopfschreibmaschine, damit die Aktivistinnen eine Zeitschrift namens „Frauen und Film" erstellen können. Ganz uneitel meint Erika: „Ich habe es immer so verstanden, dass wir ein Servicebetrieb sind und den Leuten helfen."

Was braucht es, damit das Zusammenleben als Paar gelingt? Ulrich meint, man müsse im Geschmacklichen übereinstimmen, und man müsse politische Einstellungen teilen, „in unserem Fall die Einstellung zur deutschen Vergangenheit". Auf dieser Grundlage könne man miteinander auskommen. Erika ist überzeugt, dass Liebe zwar gut und schön sei, dass aber Freundschaft und gegenseitiger Respekt ebenso wichtig seien, sowie „dass beide arbeiten". Während in den Ehen vieler Freundinnen Eifersucht und Unverständnis herrschten, hätten sie immer voneinander gewusst, woran der andere arbeitet. Jeder habe den anderen in seinen Talenten geschätzt. Zusammen seien sie einfach „unschlagbar" gewesen. Außerdem sei es, sagt Erika, in einer langen Ehe normal, dass man sich immer wieder einmal voneinander entfernt und dann wieder annähert. Ganz entscheidend sei es auch, „kleine Fluchten" aus dem Alltag zu haben. So reiste Erika einmal im Monat für einen Tag zu ihrer Freundin nach Ostberlin. Und Ulrich besuchte Funkorgel-Konzerte in Hamburg. Ohne Erika.

Nun sind die beiden längst in einem Alter, in dem andere sich zur Ruhe setzen. Doch das Interesse am Film ist ungebrochen. Hat sich ihr Anspruch, mit dem Film Menschen aufzuklären, erfüllt? „Einerseits wissen wir, dass diese Anstrengungen vermutlich vergeblich sind, aber andererseits mindert es nicht unseren Impuls. Das ist gewissermaßen der Widerspruch. Die innere Energie, wirksam zu werden, haben wir nach wie vor, obwohl wir uns vom Verstand her sagen müssen, dass es vielleicht keine Wirkung haben wird", meint Ulrich lächelnd.

Das Kino „Arsenal" führt inzwischen eine ihrer Töchter. Daher sind auch ihre Plätze im Arsenal jederzeit für sie frei. Ulrich sitzt dann in der dritten Reihe, Erika in der zweiten. Den Kassenfrauen im Arsenal hat Erika einmal gesagt: „Wisst ihr, mein Wunschtraum ist, dass ihr nach Ende der Vorstellung kommt und Liegengebliebenes einsammelt, und wir sitzen noch da. Ihr sagt, die Gregors sind eingeschlafen, und wir sind beide tot." Ein Leben ohne den anderen mag sich keiner von beiden vorzustellen. „Ulrich wäre alleine völlig verloren, und ich alleine würde keine Freude mehr haben", sagt Erika. Mit wem sollte sie dann auch streiten über den Film „Menschen am Sonntag"?

START UP!
DIE ZEIT IST REIF FÜR NEUE WERTE

Lisa und Charly Kleissner sind das, was man als reich bezeich-
nen kann. Daraus ziehen die beiden für sich den Schluss, dass
sie den Auftrag haben, die Welt ein Stück besser zu machen.
Wie? Sie wollen den Kapitalismus revolutionieren.

Es hat zwei Heiratsanträge gebraucht, bis Lisa „Ja" zu Charly
sagte. Beim ersten Mal waren die beiden erst 19 Jahre alt.
Charly, ein gebürtiger Tiroler, war mit 17 als Austausch-
schüler auf Hawaii und verschaute sich in Lisa. Nach der
Matura inskribierte er in Wien Wirtschaftsinformatik, Lisa
besuchte ihn. Und sagte Nein. Sechs Jahre später trafen sie
einander in Rom. Während eines stimmungsvollen Sonnen-
unterganges kam der zweite Antrag. Dieses Mal sagte Lisa Ja.
Zum Entsetzen ihrer Familie und ohne eine Vorstellung zu
haben, wie ein Leben in Europa für sie ablaufen würde. Die
beiden siedelten sich in Wien an, zwei Kinder wurden geboren. Weil Lisa, um einen Beruf ausüben zu können, ihr
Architekturstudium in Wien hätte wiederholen müssen, entschlossen sich die beiden, in die USA zu gehen. 1986 war
eine gute Zeit für Informatiker, Silicon Valley war am Boomen,
charismatische Erfinder und Entwickler wie Steve Jobs präg-
ten eine Generation. Charly Kleissner heuerte bei den
Großen an und wollte selbst viel erreichen. Insgesamt drei
Firmengründungen verantwortete er. Als er aus der dritten,
Ariba, im Jahr 2001 ausschied, war er ein gemachter Mann.

Der Verkauf der Anteile machte die Familie reich. Aber auch Lisa war nicht untätig gewesen. Sie hatte sich mit einer Firma, die Umzüge organisierte, selbstständig gemacht.

Die Kleissners waren eine gut gemanagte Familie. Zu jedem Jahreswechsel campierten Charly und Lisa irgendwo alleine, um das vergangene Jahr zu besprechen und das neue zu planen. Stets wurde vorab vereinbart, wer wie viel arbeiten würde, wer mit einem Fixjob der Familie Sicherheit geben und wer sich an eine Neugründung wagen würde. Wenn Charly mit der Neugründung dran war, waren 100-Stunden-Wochen keine Seltenheit. Aber es war klar, dass er ein Wochenende pro Monat und eine Woche pro Quartal für die Familie da sein würde. Auch die Kinder wurden in dieses Management eingebunden, informiert, gefragt. „Eines Tages haben wir den Kindern auch gesagt, dass wir ohne sie nicht erfolgreich gewesen wären. Sie waren darauf sehr stolz", erzählt Lisa.

Als dann 2001 der eher überraschende Ausstieg aus dem Business kam, war die Frage: Was nun? Jobangebote gab es genug. „Ich wollte aber nicht mehr dasselbe weitermachen und habe es auch nicht mehr gebraucht. Ich musste nicht mehr für Geld arbeiten, und ich brauchte es auch nicht mehr für mein Ego", sagt Charly. Es folgte – beide waren Mitte vierzig – ein längeres Innehalten. Sie hatten viel Geld verdient, 100 Millionen Dollar. Was sollte damit geschehen? Also erst der Seele Raum geben; sehen, wohin die Intuition geht. Lisa führte Charly auf den Weg der Meditation. Vipasana Yoga wurde zum spirituellen „Highway", Deepak Chopra und Ken Wilber waren zwei ihrer spirituellen Lehrer. „Ich dachte lange, dass auch Menschen, die auf ihre Spiritualität schauen, egozentrisch sind. Aber ich habe verstanden, wenn du nicht mit dir als Seele eins bist, kannst du auch nicht befreit werden von all der Mühe, die man meist hat. Wenn du realisierst, dass du nicht außerhalb der Welt bist, sondern ein Teil von ihr, dann passiert nichts zufällig. Wir beeinflussen uns gegenseitig. Wir wissen nicht, was genau passieren wird, aber wir können schauen, dass daraus etwas Sinnvolles wird", fasst Charly die Entwicklungen der damaligen Zeit zusammen.

Schließlich war klar, welche Impulse sie beide geben wollten: Sie gründeten Stiftungen und „Investment Entities", um neue Formen von sozialem Investment zu kreieren. Kurz gesagt, sie beteiligen sich mit ihrem Geld an Firmen, die nachhaltig und sozial wirtschaften. Sie sind überzeugt, dass Investments, die ökologische und soziale Folgen des Wirtschaftens nicht einbeziehen, auf Dauer untragbar und zerstörerisch sind. Daher investieren sie beispielsweise in Firmen in Afrika, die Frauen beteiligen, oder in Salzgewinnung in Indien, die nicht auf Erdöl, sondern auf Sonnenenergie basiert. Außerdem legen sie offen, wo sie investieren und welchen Kapitalrückfluss sie erwirtschaften. Eine Vorgabe, die große Investoren überzeugen soll. Lisa: „Wenn diese Art von Projekten erfolgreich wird, wird nicht nur ein klar definiertes soziales Ziel erreicht, sondern dann bekommen soziale Investoren auch einen interessanten finanziellen Gewinn, und die Regierungen und damit auch die Steuerzahler sparen viel Geld." Charly ist indes überzeugt, dass in dreißig Jahren das Finanzsystem ganz anders aussehen wird als heute: „Das alte Modell von Investment-Banking wird in 15 Jahren tot sein. Institutionen glauben, wenn sie weiterhin ihren Profit maximieren, ohne die Nachhaltigkeit unseres Planeten zu integrieren,

werden sie überleben. Aber sie werden nicht überleben. Neue Banken, Impact-Banken, werden das ökonomische System verändern. Wie Erfolg gemessen wird, wird sich verändern. Nur so wird sich der Planet erholen."

Charly und Lisa Kleissner haben ihr Leben klar ausgerichtet. Sie sind auf der ganzen Welt unterwegs, um für ihre Idee zu werben und Netzwerke zu bilden. Dabei ist Charly, wie schon immer, der Visionär, der Vordenker, der Ungeduldige, der nur mit anderen Zugpferden zusammen wirklich arbeiten kann. Lisa hat das Talent, seine Ideen umzusetzen, dafür zu sorgen, dass sich Teams bilden, die Strukturen schaffen. „Ich liebe es, aus Menschen Helden zu machen", sagt sie lachend. Von ihr kam auch der Anstoß, das erworbene Geld sinnvoll einzusetzen. Eine Kindheitserfahrung mag dabei mitgespielt haben. Lisas Vater betrieb auf Hawaii ein Geschäft für medizinische Waren, Lisa arbeitete darin mit. Als eines Tages eine Familie ein Pflegebett für ihren Sohn, der einen gebrochenen Wirbel hatte, auf Kredit kaufen wollte, riet Lisa ihrem Vater ab. Sie wusste, dass von dieser Familie nie Geld kommen würde. „Gib es ihnen trotzdem", sagte der Vater, „sie brauchen es notwendiger als wir."

Mit ihrem neuen Leben sind beide sehr zufrieden. Ihre Lebensqualität habe, sind sie sich einig, sehr gewonnen. „Ich lebe auf der Basis von Authentizität, Integrität und Einsatz. Ich könnte nicht mehr zurück. Ich mache genau das, was ich für richtig erachte", erläutert Charly. Lisa pflichtet ihm bei: „Die Qualität unseres Lebens ist ein direktes Resultat unserer Werte, die wir als Paar, als Familie und mit allen Mitbewohnern unseres Planeten teilen. Dies erfüllt uns immerfort mit Freude und einem zielgerichteten und drängenden

Bewusstsein, einen positiven Beitrag zur Menschheit leisten zu können."

Seit über 25 Jahren sind sie ein Paar. Mit 45 haben sie, sagt Charly, entschieden, dass der zweite Teil ihres Lebens „deutlich abenteuerlicher und effektiver" sein würde als der erste. Und Lisa ist überzeugt, dass jeder Tag neue Chancen bringt. „Die Möglichkeiten sind unbegrenzt!"

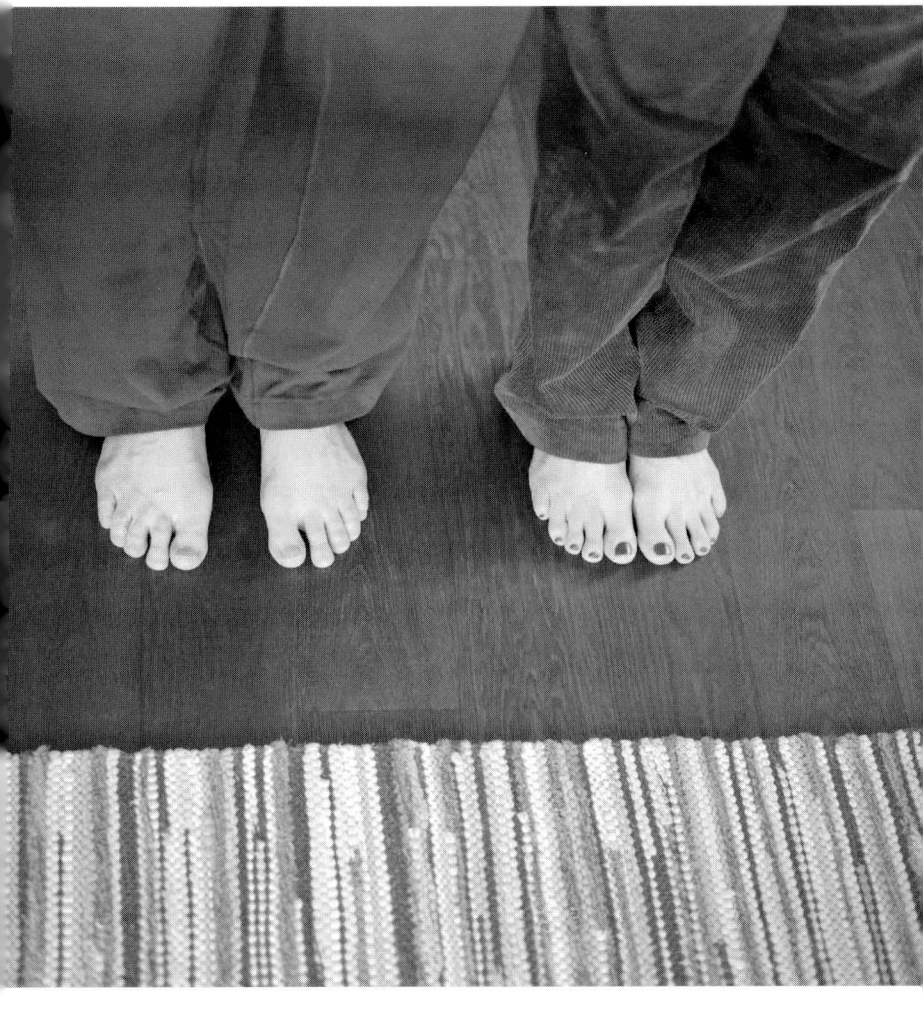

KLAPPE, DIE ZWEITE!

Judith und Thomas Sinnhuber waren beim ersten Mal vielleicht noch nicht erwachsen genug, um ihrer Ehe Dauer verleihen zu können. Deswegen haben sie ein zweites Mal geheiratet. Die Vorzeichen für Beständigkeit stehen dieses Mal eindeutig besser.

Als Judith mitbekommt, dass ihr Mann Thomas eine Freundin hat, ist das zweite gemeinsame Kind, ihr Sohn Elias, ein paar Monate alt. Tochter Mirjam ist sieben, ihre Eltern sind Mitte zwanzig. Die erste Reaktion der Betrogenen war Zorn, Nichtverstehen. „Warum bekommen wir ein zweites Kind, warum bauen wir ein Haus, wenn du mich nicht willst?" Dann kam die Resignation – alles beenden, Schwamm drüber, so tun, als ob nichts gewesen wäre. Doch da folgte noch die große Wut: „Du bekommst diese Kinder nie zu Gesicht!" Schließlich kam es anders. Judith und Thomas ließen sich scheiden. Das Haus, eben erst bezogen, mit großen Schulden auf einem von Thomas' Eltern geschenktem Grundstück gebaut, wurde verkauft. Die beiden Kinder blieben bei Judith wohnen, Thomas besuchten sie alle zwei Wochen. Er hatte sich aber auch das Vorrecht ausbedungen, als Erster gefragt zu werden, wenn Judith einen Babysitter für die Kleinen suchte. Außerdem beschlossen sie, eine Woche pro Jahr als Familie auf Urlaub zu fahren und die Festtage gemeinsam zu verbringen. Dafür hatte besonders Judith großes Verständnis. Sie und ihre Schwester waren als Scheidungskinder aufgewachsen. Die Feiertage immer doppelt mit beiden Eltern verbringen zu müssen, war ihr als besonders anstrengend in Erinnerung.

Über das gemeinsame Elternsein blieb die Verbindung zwischen Judith und Thomas eng. Auch wenn gerade er einmal in seinem Leben frei sein wollte. Für ihn war Judith die erste Freundin, er hatte sich nicht mit anderen Frauen erprobt. Mit den Kindern und dem Hausbau fügte sich Thomas in das bürgerliche Leben, mit dem er es auch seinen Eltern recht machen konnte. Dabei hatte er doch Sehnsucht, die Welt zu sehen. Wie klein und belanglos kam ihm seine Heimatstadt Linz vor!

Nach der Trennung lebte er diese Bedürfnisse aus: „Ich hatte eine andere Frau. Nachdem ich viel weg war, wusste ich, Linz ist gar nicht so schrecklich. Das Alleinleben war wichtig. Ich bin erwachsen geworden. Die Rolle als Vater hat sich geändert." Früher habe Judith ihn als Vater der Kinder gar nicht wahrgenommen, ihm nicht zugetraut, dass er sich selbstständig um sie kümmern kann. „Er war zwar körperlich anwesend, aber geistig nicht da. Er konnte sich nicht auf die Kinder einlassen", erläutert Judith. „Insofern konnte er es mir als Vater nicht recht machen. Das hat sich stark geändert, als wir getrennt waren. Da hat er von sich aus Verantwortung für die Kinder wahrgenommen und alles gemacht." Da war es dann an ihr, zu akzeptieren, dass er eben manche Dinge anders macht als sie. Wie er die Wäsche aufhängt, wie er die Kinder versorgt, wie er kocht. „Ich habe gelernt, dass es viele Möglichkeiten gibt, und dass es passt, wenn es den Kindern gut geht, und dass sie auch aushalten, wenn es mehrere Varianten gibt."

Drei Jahre dauerte die Auszeit der Sinnhuber'schen Ehe. Drei Jahre, in denen sich bei Judith, wie sie sagt, die Glut der Liebe zu Thomas nicht ersticken hat lassen. Und auch er entdeckte an ihr Qualitäten, die er als ihr Ehemann nicht mehr gesehen hatte. Etwa, „dass sie mir die Möglichkeit gegeben hat, die Kinder so oft zu sehen, dass sie ein offenes Herz für mich haben durften".

Judith hat in der Zeit der Trennung gelernt, auf eigenen Beinen zu stehen. „Als wir noch als Paar zusammen waren, habe ich mich schon sehr fallen lassen, weil ich mir nichts sehnlicher gewünscht habe als einen starken Partner, der alle Aufgaben an meiner Seite übernimmt. Als wir getrennt waren, musste ich viele Dinge selbst machen und organisieren. Ich glaube, es hat ihm auch imponiert, zu sehen, dass ich meine Frau stellen kann", meint sie lachend.

Betrogen zu werden, wegen einer anderen verlassen zu werden, ist kränkend. Wie gelingt es, diese Kränkung zu verwinden? Judith: „So etwas verzeiht man, aber man vergisst es nicht. Es ist immer da, aber ich verdränge es. Sonst würde es nicht funktionieren. Sonst wäre ich furchtbar kontrollsüchtig und misstrauisch. Davon habe ich mich verabschiedet." Dazu habe es allerdings ein Umdenken gebraucht. „Keine Beziehung ist für die Ewigkeit. Man muss, was man hat, schätzen, dafür dankbar sein, und wissen, es könnte auch anders sein", meint sie nachdenklich. Lebenspraktisch hat sich aber doch auch einiges nach der zweiten Eheschließung verändert. Zum Beispiel die Streitkultur. Thomas war ein typischer Flüchter. Wenn es kritisch wurde, ist er gegangen. „Er hat mich in meinem Ärger einfach sitzen gelassen", erinnert sich Judith. Heute versuchen die beiden, Unterschiedlichkeiten auszureden oder zu regeln. Beispielsweise wird die Hausarbeit, nachdem beide voll berufstätig sind, halbe-halbe aufgeteilt. Die Küche ist nun ganz das Revier von Thomas geworden. Eine Aufgabenteilung aus gutem Grund: Während sie eine ordentlich aufgeräumte Küche brauche, um überhaupt mit dem Kochen zu beginnen, schaffe er es, auch auf wenigen Quadratzentimetern ein Menü zuzubereiten: „Und so schaut es vorher und nachher auch aus." Da sei es eindeutig besser, nicht auf ewig zu streiten, sondern Bereiche zu klären. „Die Person an sich krempelt sich durch ein solches Ereignis nicht um", gibt Judith zu bedenken. „Es lernen beide dazu, es passen sich beide mehr dem anderen an. Kompromisse werden geschlossen."

Treue hat für viele Paare einen extrem hohen Stellenwert. Auch für Judith und Thomas. Aber sie ist differenzierter geworden. Judith: „Die Treue auf der Ebene der Person und der Familie steht für mich über allem. Bei der Treue auf sexueller Ebene denke ich, wenn einmal ein Ausrutscher passiert, möchte ich das gar nicht wissen. Das schafft mehr Unruhe, als es Wichtigkeit hat. Es kann trotzdem passieren, dass man sich in einen anderen verliebt. Da wäre es mir wichtig, dass das bald auf den Tisch gelegt wird, damit man neu verhandeln kann." Thomas sieht das mittlerweile recht nüchtern: „Es kann sein, dass man manchmal jemanden sieht oder kennenlernt, wo man denkt, das wäre schön. Aber es ist nicht wert, alles aufs Spiel zu setzen. Es zieht einen Rattenschwanz an Folgen nach sich, besonders, wenn man Kinder hat. Darauf kann ich verzichten." Als Judith ihren dreißigsten Geburtstag feiert, macht Thomas ihr förmlich und vor allen Gästen einen zweiten Heiratsantrag. Sie nimmt ihn an. Die Hochzeitsfotos zeigen ein Paar, das, anders als beim ersten Mal, nicht den gängigen Konventionen folgt, sondern seinen eigenen Stil, auch optisch, gefunden hat. Damals, beim ersten Mal, hat Judith sich so sehr gefreut, durch Thomas Anschluss an eine große Familie zu bekommen.

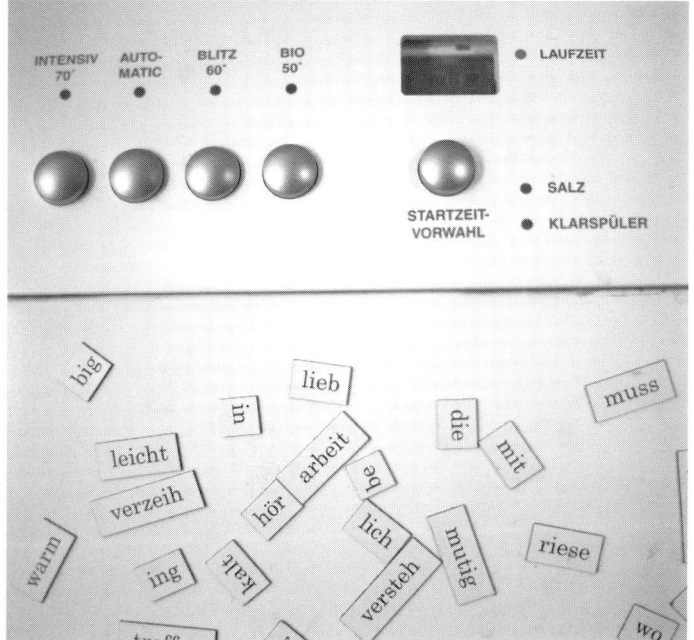

Außerdem, erinnert sie sich, gab es dort, wann immer man zu den Eltern kam, ganz im Gegensatz zu ihrer Familie, stets etwas zu essen. „Es war so gut, dass immer jemand da war, dass man versorgt ist." Zumindest dieses Bedürfnis kann auch heute noch gestillt werden. Thomas macht ihr jeden Tag eine Jause, wenn sie in die Arbeit aufbricht. Dafür verreist er gelegentlich alleine. „Verliebtheit erlischt, aber eine Freundschaft hält ein ganzes Leben", hat Thomas einmal von Loki Schmidt gehört. „Ich glaube, dass wir auch immer die besten Freunde waren und sind." Judith widerspricht nicht.

Ursula und Christian Gruhl

BEI UNS GIBT'S KEIN GEMECKER!

Ursula und Christian Gruhl sind beide weit über achtzig und seit den 1950er-Jahren ein Paar. Sie denken so positiv, dass sie sogar im hohen Alter noch ein Restaurant eröffnet haben.

Das „Chicoree" liegt in der Friedhofstraße in Dresden. Es ist ein kleines Vollwertrestaurant, in dem gegen Voranmeldung gekocht wird. Eigentlich ist es eher ein Wohnzimmer mit Gasthausbetrieb, das Ursula und Christian da betreiben. Als die beiden nach der „Wende", dem Ende der DDR, Ursulas Elternhaus zurückbekamen, übersiedelten sie aus dem Raum Stuttgart wieder in ihre erste Heimat. Erst wollte Ursula ihre Praxis als Heilpraktikerin dort weiterführen. Doch dann hatte Christian die Idee, dass es vielleicht besser wäre, den Gesunden zu sagen, was sie tun müssten, um nicht krank zu werden. Ein paar Fundamente dafür gab es schon. Die Gruhls hatten 25 Jahre zuvor bei Christl Kurz, einer Pionierin der Vollwertkost in Deutschland, ihr „Bekehrungserlebnis". Ihnen leuchtete ein, dass der Organismus mit solchem Antrieb besser funktionierte. Seither leben sie so weit wie möglich „gesund". Außer sie haben unterwegs Hunger und es gibt nichts anderes als Futter von einer Würstchenbude. Man soll ja nicht übertreiben. Immerhin, sagt Christian, möchte er 126 Jahre alt werden. „Woher er diese Zahl hat, weiß keiner", schüttelt Ursula den Kopf. Das hieße dann, dass sie nochmals fünfzig Jahre miteinander verheiratet wären – kann sie sich das vorstellen? „Da muss ich schwer überlegen", meint sie lachend.

Begonnen hat ihre Geschichte 1950 in der Straßenbahn. Sie fuhren jeden Tag zur selben Zeit zwei Stunden in dieselbe Richtung. Ursula fiel Christian auf – zumindest sagt er das heute –, weil sie eine westdeutsche Zeitschrift, die „Constanze", bei sich hatte. Das sei eine rare Ausnahme und eine wirkliche Attraktion auch für ihn als Mann gewesen. Darin hätte man tolle amerikanische Straßenkreuzer sehen können. Dafür hat er sich interessiert. Drei Jahre waren die beiden per Sie. „Irre, das gibt es heute nicht mehr", sagt Ursula. Dann haben sie sich verlobt, 1953, und sind unmittelbar danach gemeinsam in den Westen „abgehauen". Ursula hatte zuvor Hausdurchsuchungen erlebt und musste eine Anklage wegen eines innerdeutschen Devisenvergehens fürchten.

Im Westen bauten sich die beiden eine gemeinsame Existenz auf. Christian gründete seine eigene Firma. Als begnadeter technischer Tüftler entwickelte er für die Automobilindustrie viele Speziallösungen im Anlagenbau. Seine Frau arbeitete als Arzthelferin, zog die vier gemeinsamen Söhne groß und bildete sich als Heilpraktikerin weiter. Als die Chance bestand, nach Dresden zurückzukehren, und das gerade zeitlich mit der Pensionierung im Westen zusammenfiel, veränderten die beiden ihr Leben nochmals von Grund auf.

Christian Gruhl ist ein drahtiger Mann mit langem grauen Haar, das zu einem Pferdeschwanz gebunden ist. Ursula ist die Köchin im Haus, aber schon etwas gehandicapt beim Gehen. Deswegen hilft nun gelegentlich Sohn Marc in der Küche aus. Ursula ist eher die Stille, Christian der Umtriebige: „Ich bin vom Sternzeichen Steinbock. Das ist der Oberlehrer der Nation!" Gästen erklärt er zwischen den sieben Gängen des vollwertigen Menüs ausgiebig, was warum und wie gesund ist.

Aber nicht nur das. Er ist auch anderweitig, als Erfinder tätig. Zum Beispiel entwirft er Souvenirs, die Gäste aus Dresden mitnehmen können. Er hat auch eine Stadtkapelle gegründet, weil er der Meinung ist, dass die Jungen durch Musik in eine sinnvolle Gemeinschaft integriert werden. Kommen Kinder ins „Chicoree", holt Christian Gruhl manchmal auch seine „Gemüsepuppen" hervor. Dann erzählt er mit Lady Möhrie, Frau Salädle und den Gebrüdern Bananas, warum es so gescheit ist, sich gesund zu ernähren. Diese gereimten Gemüsegeschichten will er übrigens auch als Kinderbuch herausgeben; er sucht dazu noch einen Verlag und jemanden, der illustriert. Ständig sprudeln neue Ideen aus ihm. Ursula begegnet ihm fast mit stoischer Ruhe. „Wir haben uns mit dem positiven Denken befasst. Ich habe dazu achtzig Bücher gelesen", erklärt Christian, warum er immer so nach vorne gerichtet ist. „Die Leute sind immer bereit, sich zu ärgern, aber nicht, sich zu freuen", meint er. Der Techniker ist überzeugt, dass auch das Denken logischen Gesetzen folgt. Wenn man diese kennt, kann man sozusagen nichts falsch machen. Nur, warum er seine Frau geheiratet hat, was ihm an ihr gefallen hat, das beantwortet er sehr knapp, aber durchaus ebenfalls logisch: „Weil die in der Straßenbahn mitgefahren ist." Ursula nimmt es gelassen: „Wenn er nichts sagt, ist es in Ordnung." Ihre Ehe halte deswegen schon so lange, ist Christian überzeugt, weil sie Gelegenheit gehabt hätten, sich zu reiben, etwas aufzubauen. „Heute ist alles fertig, man hat nur mehr die Möglichkeit, etwas zu zerstören." Sich zu entwickeln, sei auch anstrengend, vergleichbar mit der Mühe eines Schmetterlings, sich aus seinem Kokon zu befreien. Ursula hatte ihre „Reibung" vor allem an den Söhnen: „Da hatte ich Spaß daran."

Und im Übrigen sei sie von Anfang an so gewesen, wie es sich Christian durch viele Bücher erarbeiten musste: „Das Positive war da, da musste ich nicht umdenken. Was da negativ und schlecht war, das habe ich gar nicht anerkannt. Das ist mir gelungen."

Vielleicht hilft den beiden auch ein Schuss Pragmatismus. So haben sie schon lange getrennte Schlafzimmer, denn Christian mag es warm und Ursula kühl; sie hat einen Fernseher und Christian will keinen. Beim Restaurant waren sie sich jedoch einig: „Wir hatten nichts zu verlieren. Wir mussten ja nicht. Wenn es überhaupt nicht geht, dann wäre es das halt gewesen." Im Wesentlichen kochen die beiden eine Art vollwertiges Mustermenü. Weswegen viele Gäste nur einmal kommen. Wenn die Mission angekommen ist, hält Christian das auch für ausreichend. Und außerdem: „Wir sind keine Sklaven und keine Orthodoxen. Sich vernünftig ernähren heißt: möglichst vollwertig und frisch." Dass man damit sehr alt werden kann, diesen Beweis sind die beiden gerade dabei anzutreten. Und wie schon damals, als sie sich entschlossen, gemeinsam im Westen eine neue Existenz aufzubauen, ist es auch heute: „Es gab gar keinen Zweifel, dass irgendetwas nicht klappen könnte. Wir waren zum richtigen Zeitpunkt da." Na dann!

Müzzeyyen und Thomas Dreessen

GUTE EHEN WANDELN SICH

Wie Thomas, der protestantische Vikar, und Müzzeyyen,
die Tochter türkisch-muslimischer Gastarbeiter, ihren ganz
eigenen Weg gefunden haben.

Die junge Müzzeyyen war eine schneidige Person. Obwohl sie ganz in der Tradition ihrer Familie – Mädchen müssen behütet werden – jeden Tag vom Arbeitsplatz abgeholt wurde, angelte sie sich den jungen Vikar, in den sie sich ebendort verschaut hatte. Sie schrieb ihm einfach einen Brief und fragte rundheraus, ob er sie heiraten wolle. „In unserer Tradition können Frauen nicht, ohne dass das Ding einen Namen hat, dass sie verlobt oder verheiratet sind, mit einem Mann zusammenleben", erklärt sie. Nachdem ihr Arbeitstraining in der evangelischen Pfarrgemeinde auslaufen sollte und Thomas Dreessen noch keine Anstalten machte, „dem Ding einen Namen zu geben", ging eben Müzzeyyen in die Offensive. „Auch die erste Frau unseres Propheten hat ihm den Heiratsantrag gemacht", lacht sie selbstbewusst.

Mittlerweile hält die Ehe seit dreißig Jahren. Sie waren mutig und sie waren klug. Für Thomas hieß die Entscheidung für die junge Muslima, dass er nicht Pfarrer seiner Kirche werden konnte. Eine gemischtreligiöse Ehe war ein Ausschließungsgrund. Als sein Vater ihn fragte: „Karriere oder Liebe, was willst du?", entschied er sich für die Liebe. Und Müzzeyyen? Sie musste damit rechnen, dass ihre Familie nie in die Eheschließung einwilligen würde. Ein Christ war in deren Augen ein Ungläubiger, das schlimmste Unglück, das einer Muslima zustoßen konnte. Also brauchte es etwas Taktik, um dem Ding, das einen Namen brauchte, nachzuhelfen. Als Müzzeyyens Vater eines Tages seine Tochter nach der Arbeit abholen wollte, bat ihn der Pfarrer in sein Büro. Dort wartete schon Thomas – und bat um die Hand von Müzzeyyen. Diese hörte im Nebenzimmer gespannt zu. Als der Vater wie erwartet empört Nein sagte, entwischte sie nach draußen, wo schon ein Auto auf sie wartete. Freunde von Thomas versteckten sie. Hätte der Vater sie mitgenommen, wäre der Traum vom Leben mit Thomas ausgeträumt gewesen. Nun ging es ans Verhandeln. Die Lösung war gefunden, als ein liberaler Imam, den man eingeschaltet hatte, den Eltern von Müzzeyyen glaubhaft machen konnte, dass der junge Christ Thomas ein Gläubiger sei. Sie stimmten zu. Die Hochzeit wurde zu einem großen Fest mit 500 Gästen. Nicht ohne Grund. „Wenn man ein Leben lang zusammenbleiben will, ist es wichtig, dass die anderen einen auch in schwierigen Zeiten stützen, tragen und begleiten", sagt Thomas. Viele Paare würden das heute als zu wenig bedeutsam einschätzen.

Thomas und Müzzeyyen trafen auch die Entscheidung, dass jeder in seiner Religion beheimatet bleiben sollte. Bis heute begleiten sie einander in die evangelische Kirche und in die muslimische Moschee. Die drei Kinder, die sie miteinander haben, sind ohne festgelegtes religiöses Bekenntnis erzogen worden. Wohl wurden die religiösen Fundamente gelegt, aber entscheiden sollten sie sich später selbst. „Manchmal sind die Kinder schon heimgekommen mit Fragen, die ihnen die anderen Kinder gestellt haben. ‚Was bist du jetzt? Bist du Türke oder Deutscher, bist du Christ oder Muslim?' Ich habe dann immer gesagt, dass sie diesen Kindern antworten sollen, dass sie genauso Menschen und Geschöpfe Gottes sind wie sie auch." Heute hat eine Tochter sich schon entschieden und ist Christin geworden, arbeitet sogar bei der Caritas. Die andere Tochter erwägt den Buddhismus für sich, der Sohn hat sich noch nicht festgelegt.

Hätte Müzzeyyen je gewollt, dass Thomas Muslim wird? „Nein, das wäre für mich ein Scheidungsgrund gewesen", sagt sie ohne Zögern. Das hat sie sogar einem Imam gegenüber, der fragte, ob Thomas schon Türkisch lerne und beschnitten sei, gesagt. Mutig, denn in ihrer Tradition widerspricht man Autoritäten nicht. Sie sieht das recht pragmatisch: „Ich habe ihn als Christen kennen- und lieben gelernt. Die Bedingung für die Liebe war nicht, dass er Muslim wird." Thomas hatte diesen Weg für sich bei der Eheschließung zwar offengelassen, aber dann doch den Weg der Vertiefung des Eigenen gewählt. Im Zusammenleben werde der eigene Glaube intensiver nachgefragt. Und das Gebet werde wieder wichtig, als Möglichkeit, dem, woran man glaubt, auch Worte zu geben. Das gemeinsame Tischgebet und auch das Abendgebet im Hause Dreessen fangen meist mit Koranversen an, die Müzzeyyen spricht, und enden mit christlichen Versen von Thomas. Im Wohnzimmer der Familie finden sich an den Wänden Spruchbänder mit Aufschriften aus dem Koran, in der Fensternische steht ein Pult mit einer aufgeschlagenen Bibel. Geht doch, denkt man. Der Gott, an den die Dreessens glauben, ist, davon sind beide überzeugt, einer. Nur die Bilder und die Sprache, die man für Gott findet, seien verschieden.

Im Alltag spießte sich das Eheglück auch selten an religiösen Fragen. Die Hürden lagen vor allem im unterschiedlichen Erziehungsverständnis. Thomas bevorzugte die strikte, vielleicht auch etwas preußisch-protestantische Version: klare Regeln, konsequente Umsetzung. Müzzeyyen zeigte sich lieber nachgiebig, ließ den Kindern mehr Raum, änderte Regeln ab, wenn ihr die Argumente der Kinder plausibel erschienen. Zwei, drei Mal packte sie sogar ihre Sachen und fuhr mit den Kindern zu ihren Eltern. „Ich halte es mit dem Mann nicht mehr aus", klagte sie. „Du hast ihn dir ausgesucht, also gehst du auch wieder zu ihm zurück", konterten die Eltern. In diesen Fällen gehorchte sie. So haben sie beide gelernt, worauf es ihrer Ansicht nach ankommt, um lange miteinander leben zu können. Müzzeyyen: „Nicht nachtragend sein, das ist wichtig. Ich bin jemand, der schimpft und brüllt, und im nächsten Moment ist es vorbei. Konfliktfähig sein, miteinander Streit austragen, reden, sich nicht abschotten. Manchmal auch etwas auf sich beruhen lassen, nicht darauf bestehen, dass man recht hat. Das löst sich von selbst." Und Thomas ist überzeugt: „Man muss lernen und offen dafür sein, mit den Augen des anderen zu sehen. Eine gute Ehe bedeutet, dass man einander auch vertritt. Wenn es nur eine Vereinigung zum jeweiligen Nutzen ist, ist das keine Ehe. Eine Ehe hat auch damit zu tun, dass wir uns verwandeln, dass wir dafür offen sind."

Müzzeyyen, die Mutige, hatte sich Thomas gewählt, weil er ihr besonnen und bedächtig erschien und das für sie ein Zeichen war, dass er ihr auch in der Ehe ihre Freiheit lassen würde. Und Thomas? „Sie hat mein Herz berührt." Wahrscheinlich kommt es darauf an, dies zu bewahren und sich in den schwierigen Momenten intensiv daran zu erinnern.

Doris Renoldner und Wolf Slanec

IM EIGENEN SCHNECKENHAUS
ÜBER DIE MEERE

Doris Renoldner und Wolf Slanec leben am liebsten am Meer.
Jahrelang und ohne Pensionsberechtigung. Dafür mit der
Freiheit, die beide wollen.

„Ich bin einfach mit dem Wolfi mitgegangen", erinnert sich
Doris Renoldner. Sie sei damals 21 gewesen, „ein richtiges
Stadtmädchen, unsportlich, viel in Kaffeehäusern". Wolf
Slanec, 12 Jahre älter als sie, hatte zuvor eine wichtige Entscheidung für sich getroffen. Er wollte sein Leben künftig auf
dem Meer verbringen. Der gelernte Bautechniker hatte mit
seiner ersten Frau und seiner damals noch nicht schulpflich-
tigen Tochter eine ganzjährige Reise mit dem Segelboot auf
dem Mittelmeer unternommen. Danach kaufte er ein eigenes
Boot, seine Ehe ging allerdings in die Brüche. Er lernte Doris
kennen. Diese jobbte als Fremdsprachensekretärin und wusste gerade nicht so genau, wie sie ihr weiteres Leben gestalten
wollte. Sie entschloss sich, mit Wolf auf hohe See zu gehen.
Beide kündigten ihre Jobs und starteten in Gran Canaria.
Schon auf der Überfahrt nach Teneriffa stellte sich heraus,
dass Doris' Behauptung, schon einmal gesegelt zu sein, nichts
über ihre praktischen schiffstechnischen Fähigkeiten aussag-
te. Prompt wurde ihr außerdem so übel, dass Wolf sie näch-
tens im Cockpit anschnallte. Wenn nur zwei am Boot sind,
muss zwangsläufig jeder Wache schieben, damit der andere
zumindest drei Stunden schlafen kann.

Doch diese Einstiegsprobleme waren schnell überwunden. Doris und Wolf stellten fest, dass sie am Schiff harmonierten. Und blieben gleich länger, zwei Sommer im Mittelmeer, drei in der Karibik. Mit Chartertouren ließ sich gutes Geld verdienen. Dann ging es weiter in die Karibik. Das bedeutete wochenlange Fahrt auf offener See. „Unsere längste Zeit waren 24 Tage ohne Landsicht, von Galapagos in die Südsee, nach Französisch-Polynesien", erinnert sich Wolf. „Bei den ersten langen Fahrten ist man wirklich nervös", pflichtet ihm Doris bei. „Man ist unsicher, ungeduldig, nervös, und froh, wenn man wieder festen Boden unter den Füßen hat", setzt Wolf fort. Zwei Wochen alleine auf hoher See seien immer „eine tolle Entschlackung". Dennoch sei das Ziel jeder Fahrt, irgendwo anzukommen. Ohne Ziel brechen die beiden nie auf. „Das Glücksgefühl eines Landfalls nach einer langen Überfahrt ist unbeschreiblich, die Freude und Befriedigung, dass man heil angekommen ist", erzählt Doris. „Oft will man gar nicht gleich an Land gehen", sinniert Wolf. „Plötzlich gelten wieder andere Spielregeln. In größeren Städten geht man in den Supermarkt und denkt, Wahnsinn, wir haben ohne all diese Dinge gelebt, und es war herrlich", sagt Doris. Und Wolf ist sich sicher: „Bei dieser langsamen Art des Reisens kann die Seele Schritt halten. Das Übermaß an Zeit ermöglicht, die intensiven Erlebnisse von Land auf See zu verarbeiten. Nichts stört."

Doris Renoldner und Wolf Slanec haben ihr Leben an ihren eigenen Bedürfnissen ausgerichtet, ihre eigene Lebensform gefunden. Ihr Boot sei ihr Schneckenhaus, mit dem sie überall hinkommen könnten. „Teilzeit-Aussteiger" seien sie, sagt Doris. Denn irgendwann kommen sie immer zurück nach Österreich. Meist dann, wenn die Reisekassa leer ist. Dann beziehen sie Quartier in ihrer Wohnung in Puchberg am Schneeberg. Sie sortieren ihre Reisenotizen und Bilder, gehen als „Seenomaden" auf Vortragsreise und veröffentlichen Bücher. Das so verdiente Geld wenden sie vornehmlich für die nächste Reise auf. Beide zahlen keine Pensionsversicherung ein, ihre Sozialversicherung schützt sie nur im Inland. Gott sei Dank sind sie unterwegs noch nie ernsthaft krank gewesen. Ganz bewusst, sagen sie, wollten sie sich der „Wahnsinnsgesellschaft" entziehen. Die Menschen stünden unter Druck, hätten keine Zeit. Das ist für sie auf dem Schiff anders. Selbst wenn sie dort ebenfalls Sorgen haben, um sich, um das Schiff. Was aber immer klar ist: Wolf ist der Kapitän. „Ich bin auch gar nicht so gut darin, Entscheidungen zu treffen", meint Doris bescheiden. Was Wolf nicht unkommentiert lassen kann: „Das stimmt nicht, du bist nur eher vorsichtig und hast ein gutes Gespür, eine gute Intuition."

Wenn zwei so lange und auf so engem Raum beisammen sind, kann es gelegentlich auch krachen. „Wir sind beide Widder", lacht Doris. Meist ginge es ohnehin nur um Kleinigkeiten. „Wir sind uns schnell der Sinnlosigkeit eines Konfliktes bewusst. In einem Streit verletzt man den Partner, und das will man ja nicht." Länger als zwei Stunden habe in all den Jahren noch kein Konflikt angedauert. Es gebe wohl nicht viele Paare, die so viel Zeit miteinander verbringen, selbst wenn sie schon viele Jahre verheiratet sind, meint Wolf. Und ergänzt: „Es würde vielen Paaren nicht schaden, eine Strecke miteinander zu segeln. Man ist sich auf dem Boot unglaublich nahe. Diese Nähe sind viele Paare nicht gewöhnt."

Doris schätzt an Wolf, dass er viele gute Ideen hat, dass er inspiriert ist und eine positive Lebenseinstellung hat. Und Wolf findet schlicht, dass Doris „der liebenswürdigste Mensch ist, den ich kenne". Sie sei ein echter Sonnenschein. Das rettet vielleicht gelegentlich in Zeiten, wo es auf hoher See sehr rau ist, wo Stürme das Boot und seine Bewohner durchbeuteln, wo man tagelang zu wenig Schlaf hat und die Arbeit an Bord alle Kräfte aufzehrt. Am Schiff braucht man einander, man ist aufeinander angewiesen. „Das schafft Vertrauen und schweißt zusammen."

Und der Lohn dieses Lebens? Beide beginnen zu strahlen. „Uns gefällt das Zurück-zu-den-Wurzeln. Auf einer unbewohnten Insel in den Tag hineinleben, im Hier und Jetzt. Fische fangen, Kokosnüsse von den Palmen holen, am Abend am Lagerfeuer sitzen. Ein Leben aus erster Hand", schwärmt Wolf. Mit dem Boot nehme man an vielen Welten teil. Aber wirklich unfassbar sei das Zeithaben. Unterwegs sei Zeit unendlich. Zurück in Österreich, dauere es nicht lange, und auch sie fühlten sich wieder als Getriebene. Noch ist es der Wechsel zwischen beiden Welten, den sie nicht missen möchten. Ob sie dann irgendwann ganz am Meer bleiben? „Wenn das Ziel näher rückt, wären wir oft schon gerne weitergesegelt. Wir sind aber noch nie am Ziel vorbeigesegelt", sagt Doris. Das nächste Ziel ist jedenfalls wieder eine mehrjährige Weltreise über die Meere dieser Erde. „Unser Glück ist, dass wir uns blendend verstehen", lacht Doris. Na denn, Schiff ahoi!

Judit Marte und Franz-Joseph Huainigg

LIEBE BRAUCHT EIN
GUTES FUNDAMENT

*Franz-Joseph Huainigg hat das Herz von Judit Marte vom
Rollstuhl aus und mit viel Humor erobert. Ganz gegen alle
Wahrscheinlichkeit.*

„Am Anfang habe ich gesagt, das will ich nicht. Ich will nicht
einen behinderten Mann", erzählt Judit. Heute käme ihr das
fast absurd vor. Damals, sie war Anfang zwanzig, wollte sie
einen Mann, mit dem sie vieles teilen konnte. Etwa ihre Leidenschaft fürs Bergsteigen. „Ich wusste, eine solche Beziehung
heißt, dass die Behinderung auch Teil meines Lebens wird."
Anfangs hatte Franz-Joseph starke Konkurrenz. Als er um die
Gunst von Judit zu werben begann, gab es einen beruflich
erfolgreichen, sportlichen Vorarlberger, der sich ebenfalls
Chancen bei der quirligen, lebenslustigen Studentin aus dem
Ländle ausrechnete. Dann sei sie, erinnert sich Judit, vor der
Frage gestanden: Der da oder der da? Und jeder habe ihr wohl
zum gängigeren Ehemann geraten. „Aber ich war innerlich
ganz bei Franz-Joseph. Ich habe mich bei ihm stärker ange-
nommen gefühlt, nicht so unter Stress." Dennoch war es bis
zum „Ja" ein mühsamer Weg. Er führte über die schonungslose
Offenheit. „Ich habe ihn sehr geliebt, aber eben das Wesen, der
Körper war ein Problem." Wenn sie sah, wie mühsam es für
ihn war, sich mit Rollstuhl und Auto zu behelfen, tat er ihr
„wahnsinnig leid". Dann war da noch sein Rücken, „so furchtbar krumm". Ständig schwankte sie zwischen dem Gefühl,

diese starke Persönlichkeit sehr zu mögen, und den Einwänden des Verstandes, welches Leben sie mit einem derart eingeschränkten Partner erwarten würde.

Franz-Joseph schrieb ihr indes wunderschöne Liebesbriefe und ermunterte die sehnsuchtsvoll Erhoffte, alles auszusprechen, was sie zweifeln und verzweifeln ließ. Das war gelegentlich auch schonungslos gegenüber sich selbst. Als er sie um ein Foto bat, gab sie ihm eines, das sie auf einem Berg stehend zeigte. „Ich fragte mich, was das für eine Aussage ist. Da komme ich nie hinauf. Ein solches Erlebnis kann ich nie mit ihr teilen. Ich habe das als Botschaft empfunden, dass es schwierig ist, dass sie sich das schwer vorstellen kann." Und sie sagte auch den Satz, den er schon von anderen Frauen gehört hatte: „Können wir es nicht bei der Freundschaft belassen, muss es denn Liebe sein?" Ja, es musste. Denn für Franz-Joseph war Judit die perfekte Frau. Irgendwann willigte sie ein, es zu versuchen. Franz-Joseph hatte sie beruhigt. Wenn es nicht klappen sollte, dann müsse sie sich kein schlechtes Gewissen machen, er würde das aushalten.

Heute, zwanzig Jahre später, wissen die beiden, dass das Ringen zu Beginn, der ehrliche Umgang miteinander, das Fundament ihrer Beziehung ist. Darauf konnte die Liebe wachsen und tragfähig werden. Und das musste sie auch. Bei ihrer Hochzeit schob Judit Franz-Joseph noch laufend und lachend, mit wehendem Schleier am Brauthut, durch die Welt. Vor acht Jahren verschlechterte sich sein Gesundheitszustand aber dramatisch. Mehrere Wochen schwebte er zwischen Leben und Tod. Es war völlig ungewiss, ob und wie er weiterleben könnte. „In dieser Zeit war Judit ganz wichtig für mich. Sie war der einzige Anker in der Welt, sie hat mir gesagt, dass sie und die Kinder mich brauchen." Franz-Joseph Huainigg überlebte. Seither wird er künstlich beatmet und kann außer dem Kopf nichts am Körper selbstständig bewegen. Daher gehören auch neun Assistentinnen zum Alltag des Paares. Sie helfen bei allem, ob Körperpflege oder Korrespondenz. Denn Franz-Joseph Huainigg ist als Parlamentarier tätig, er schreibt Bücher und Aufsätze und engagiert sich in vielen Initiativen, die Interessen von Menschen mit Beeinträchtigungen vertreten. Ehe sein gesundheitlicher Zustand so mühsam geworden ist, hat das Paar aber auch Nachwuchs bekommen. „Irgendwann war das Gefühl, eigentlich ist da Raum für ein Kind, für zwei Kinder", erinnert sich Judit. Sie adoptierten ihre Tochter Katharina. „Ich habe immer davon geträumt, Kinderbücher, die ich schreibe, den eigenen Kindern vorlesen zu können", ergänzt Franz-Joseph. Als es dann so weit war, konnte er das allerdings nicht mehr tun. Seine Stimme ist durch die Beatmung nur sehr eingeschränkt belastbar. Tochter Katharina hat das Problem auf ihre Weise gelöst und ihrem Papa bergeweise Bücher vorgelesen. Oder zumindest so getan als ob. Vor vier Jahren kam dann noch Pflegesohn Elias in die Familie. Eine Freude für alle, und trotzdem hauptsächlich eine Herausforderung für Judit. Sie kann das Aufstehen in der Nacht nicht delegieren, kann ihren Partner nicht schnell um Handgriffe bitten. „Aber es ist in anderen Beziehungen doch auch so, dass es einem einmal zu viel wird und man sich dann entschuldigt und darüber spricht", nimmt sie selbst gleich jeden Anschein von Klage zurück.

Ihre Zweifel zu Beginn der Beziehung scheinen Judit heute geradezu absurd. Sie erlebt ihre Ehe mit Franz-Joseph als „eine sehr tiefe Freundschaft mit unglaublich viel Geborgenheit, Unterstützung, Rückhalt, Angenommensein, so wie man ist. Mein

Mann ist ein unglaublich interessanter, humorvoller, spritziger Mensch und hat immer neue Ideen. Langweilig wird es einem nie." Diese Liebe, so die Erfahrung beider, hält viel aus. Mehr, als man sich im Vorhinein vorzustellen vermag. Das liegt auch an der Verankerung im christlichen Glauben, die beiden wichtig ist, an der Gemeinschaft der Caritas-Gemeinde, der sie sich zugehörig fühlen. „Wir haben viel Zeit miteinander verbracht, viel erlebt und miteinander aufgebaut, die Familie gegründet. Das ist eine starke Basis. Bisher haben die Schwierigkeiten eher zu einer Verstärkung der Liebe und der Beziehung geführt", meint Franz-Joseph. Und Judit hat genug Humor, zu sehen, dass sie beide sich nicht wie andere an Alltagsproblemen zerreiben: „Wie oft streiten Paare, wer jetzt den Müll runterträgt, wer die Glühbirne wechselt oder die Bücher verräumt – diese Themen kommen bei uns nie vor!"

Vielleicht, meint sie etwas nachdenklicher, sei es aber auch so, dass der Mensch in Herausforderungen hineinwachse, dass man in der Situation die Kräfte bekomme, die man braucht. Wie auch immer, man denkt bei den beiden unwillkürlich an die Beschreibung der Liebe in der Bibel, im Ersten Korintherbrief, Vers 13. Im „Hohelied der Liebe" heißt es dort, die Liebe sei langmütig und freundlich. Sie blähe sich nicht auf, sie rechne das Böse nicht zu. Die Liebe glaube alles, hoffe alles, dulde alles, die Liebe höre niemals auf: „Wenn ich mit Menschen- und Engelszungen redete, hätte aber die Liebe nicht, so wäre ich ein tönend Erz und eine klingende Schelle."

Für Judit Marte und Franz-Joseph Huainigg ist die Zukunft stets nur der kommende Tag. So hat die Liebe offenkundig eine gute Chance, wie die Jahresringe eines Baumes Millimeter um Millimeter zu wachsen.

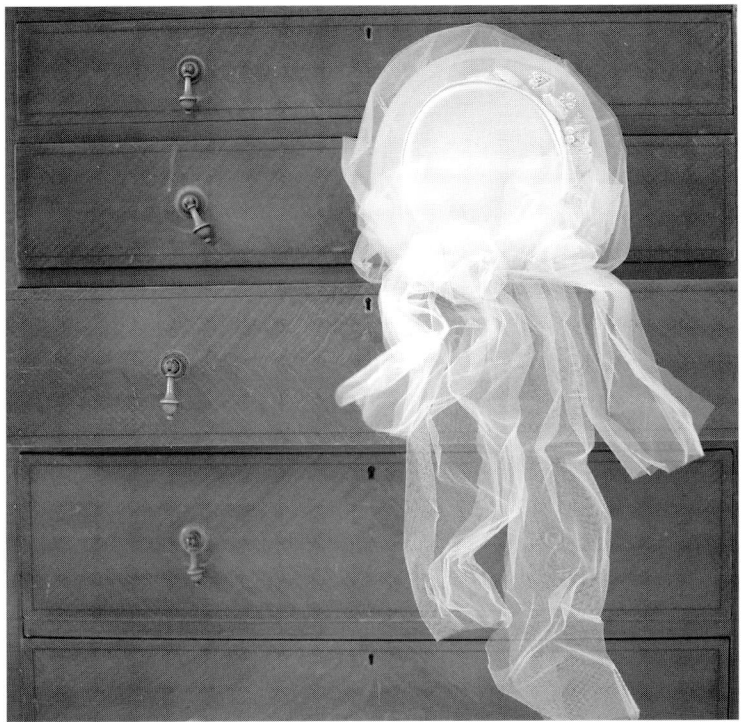

Notburga und Sebastian Gschwandtl

BIS DER TOD UNS SCHEIDET

Notburga und Sebastian Gschwandtl haben siebzig Nach-
kommen. Die Alt-Bergbauern aus Großarl in Salzburg haben
mit viel Gottvertrauen und Fleiß gelebt. Jetzt hoffen sie, noch
eine Zeit lang gesund zu bleiben und einander nach dem Tod
wiederzusehen.

„Man muss dem anderen immer wieder zeigen, dass man eine
Freude mit ihm hat. Sonst geht die eigene Freude auch plötzlich zu Ende." Notburga Gschwandtl, Altbäuerin am Mauracherhof, ist wie ihr Mann Sebastian keine Freundin großer
Worte. „Mir kommt vor, mit Anerkennung wird zu viel ge-
spart", meint auch Sebastian. „Ich kann doch sagen, das hast
du gut gemacht oder da bist du brav gewesen. Das tut einem
wohl. Wir haben auch die Kinder immer gelobt, wenn sie etwas gut gemacht haben."
Zehn Kindern – acht Buben und zwei Mädchen – haben die
beiden das Leben geschenkt. Eine große Schar, die ernährt,
erzogen und ausgebildet sein wollte. Heute empfinden sie
nicht Stolz, aber eine große Freude, dass aus allen „etwas
geworden" ist. Dass sie Berufe erlernt haben, einige sich in
unmittelbarer Nähe des Elternhauses ein eigenes Haus gebaut haben, dass sie Familiensinn bewahrt haben und sich gegenseitig unterstützen. Zu den Kindern gesellte sich eine
Schar von 38 Enkeln, und von diesen kommen laufend Uren-
kel nach. Eine tiefe Zufriedenheit zeichnet sich auf Notburgas
und Sebastians Gesicht ab, wenn sie über ihre Familie reden.

Während Notburga eine sichere Heiterkeit ausstrahlt, wischt sich Sebastian verlegen ein paar Tränen aus den Augenwinkeln.

Dabei hatte das Leben weder für ihn noch für seine Frau vielversprechend begonnen. Beide wurden 1930 als ledige Kinder in Großarl geboren. Das hieß damals, dass ihre Mütter sie zurücklassen mussten. Notburga wuchs bei den Großeltern auf, Sebastian kam in die Familie eines Onkels. Es gab kein Geld, nur wenige Jahre Schule und schon gar nicht viel Zärtlichkeit. „Wenn in des Lebens trüben Stunden dein Herz zerdrückt der Kummer fast, zeig den Menschen niemals deine Wunden, sie tragen niemals deine Last", steht es gestickt auf einem Tuch, das in der Almhütte der Gschwandtls an der Wand hängt. Seit sie Altbauern sind, verbringen Notburga und Sebastian die Sommer in den Bergen. Den Spruch konnten sie wohl als Kinder schon gut gebrauchen. Welche Aussichten hatte man da schon als ein „unnötiger Esser", ganz ohne Besitz, ohne Bildung? Bei einem Hochzeitstanz – damals das einzige Vergnügen und die einzige Möglichkeit, Heiratspartner kennenzulernen – fanden Sebastian und Notburga 1949 Gefallen aneinander. Ihr war sein „ganzer Charakter" von Anfang an angenehm, er fand, sie sei ein „sympathisches Dirndl", und noch dazu „einfach". „Wenn sie eine Wohlhabende ist und ich bin ein armer Bub, das würde doch nicht passen." Am Hof des Onkels bekam Sebastian keinen Lohn. Um für sich und seine Familie eine Existenz zu schaffen, wollte er weg und sich eine Arbeit suchen. Doch der Onkel bat ihn, zu bleiben. Er adoptierte den Neffen und versprach ihm mangels eigener Kinder seinen Besitz.

Auf dieser Basis sagten Notburga und Sebastian Ja zueinander. Es war eine einfache Hochzeit, damals 1953, ohne viele Gäste. „Ein jeder Schmerz lässt sich verwinden, jede tiefe Wunde heilt, nur einen Menschen musst du finden, der Freud und Leiden mit dir teilt." Ein weiterer Sinnspruch an der Wand der Gschwandtl'schen Stube wirkt wie eine Erzählung aus den ersten Ehejahren. Elf Jahre dauerte es, bis der Onkel endlich den Hof übergab. Bis dahin arbeiteten die beiden um Gotteslohn, waren wie Knecht und Magd am Hof. Jahr um Jahr wurde die Familie um ein Kind größer. Die kinderlose Tante kam mit der jungen Frau, vielleicht aber auch mit dem Ausbleiben eigenen Nachwuchses angesichts der fröhlichen Schar, nur schwer zurecht. Notburga fügte sich in vieles, „um des lieben Friedens willen". Sie hielt die Kinder an, nicht frech oder laut zu sein, um keinen Konflikt zu riskieren. Sie wolle aber, sagt sie, niemandem schlecht nachreden. Ganz zuletzt, am Sterbebett, habe sich die Tante sogar einmal bedankt für ihre Pflege.

Als der Hof übergeben war, ging es ans Modernisieren. Der Stall musste neu gebaut werden, Fremdenzimmer wurden eingerichtet. Der Tourismus hielt Einzug im Großarltal, und der Mauracherhof war der Erste in der Gegend, in dem es Fließwasser in den Zimmern gab. Die Nachbarn kamen neugierig schauen und hielten dieses moderne Zeug für eine Fehlinvestition. Wenn mehr Gäste als Betten im Haus waren, siedelten die Kinder aus ihren Zimmern aus. Dass sie bei allen Arbeiten am Hof mithalfen, braucht nicht eigens erwähnt zu werden. Dennoch ließ ein bescheidener Wohlstand lange auf sich warten. Notburga nähte alle Kleider für die Kinder selbst, änderte Altes für die Jüngeren, bastelte sogar die Puppen. Zeit, um mit den Kindern zu spielen, blieb da wenig. Aber ab und zu nahm Notburga am Abend die Gitarre, und dann wurde gemeinsam gesungen.

Heute, im Alter, hoffen die beiden, dass ihnen noch einige gemeinsame Jahre beschieden sind. Aber wie immer in ihrem Leben wissen sie, dass die Entscheidung darüber nicht in ihrer Hand liegt. „Es geht, wie es geht, und es kommt, wie es kommt", sagt Notburga auch in diesem Fall. Sie hat, erzählt sie von sich, ein großes Gottvertrauen. Das habe sich in vielen schwierigen Situationen bewährt. Mehrmals sei Sebastian schwer krank gewesen. Einmal habe ihn ein Auto angefahren und ihm das Bein gequetscht, zwei Mal habe er wegen eines Gehirntumors operiert werden müssen. Beim zweiten Mal hatten die Ärzte ihn schon aufgegeben. Jeden Tag fuhr Notburga zu ihm ins Krankenhaus nach Salzburg. Eines Tages hat sie ihn einfach mit nach Hause genommen. Ab da ging es mit ihm wieder bergauf. „Es hat sich herausgestellt, dass unser Bett dreißig Jahre auf einer Wasserader gestanden ist. Seit wir das Schlafzimmer umgestellt haben, geht es wieder besser." Die beiden leben auch heute ein bescheidenes Leben, nur Sebastian hat eine kleine Pension. Sie haben am Hof als Altbauern freie Kost und Logis. Urlaub gab es auch früher für sie nicht, weswegen sie das Reisen nicht vermissen. Fatima, Altötting und einmal eine Pilgerreise ins Heilige Land, mehr hat ihr Fahrtenbuch nicht zu verzeichnen.

Vermutlich muss man auch nicht weit herumgekommen sein, um zu wissen, was es braucht, damit eine Ehe gut geht. „Reden, ausreden, verzeihen, wenn einer einen Fehler macht. Fehler macht jeder Mensch", sagt Notburga. Und Sebastian ergänzt: „Es sind meist nur Kleinigkeiten." Dass so viele sich wieder trennen, könne auch mit dem Wohlstand zusam-

menhängen. Wenn jeder sein eigenes Einkommen hat, sei es halt einfacher, auseinanderzugehen. „Verliebtheit vergeht mit der Zeit. Man muss beständig sein", sagt Notburga ganz unprätentiös. „Wo die Schwalben Nester bauen, dort ist's Glück im Haus, wo die Liebe wohnt und das Vertrauen, dort geht nie der Segen aus", belehrt ein anderes gesticktes Spruchband in der Almhütte des Mauracherhofes. Ob seine Frau wohl noch öfter einen Kuss bekommt? „Oh ja!", entfährt es Notburga. „Sie verdient ja auch einen!", sagt Sebastian. Ihre goldene Hochzeit haben sie als rauschendes Fest gefeiert, mit mehreren hundert Gästen, und ins Bett sind sie erst am nächsten Morgen gefallen – todmüde, aber sehr zufrieden mit dem, was aus ihrem Leben geworden ist.

Eva-Maria und Wolfram Zurhorst

DEM LIEBEN NEUE TIEFE GEBEN

„Liebe dich selbst – und es ist egal, wen du heiratest" – Eva-Maria Zurhorst hat mit einem Buch dieses Titels Furore gemacht. Zur Wahrheit dieses Satzes kam sie in der Ehe mit ihrem Mann Wolfram.

„Beziehung ist eigentlich Begegnung mit mir. Das hat uns niemand beigebracht, die Begegnung mit sich selbst, das langsame Sich-vertraut-Machen mit den eigenen Dimensionen", ist Eva-Maria Zurhorst überzeugt. Ein Gutteil unseres Selbst sei auch uns selbst verborgen. Was wir an uns und anderen wahrnehmen, sei nur wie die Spitze eines Eisberges. „Wenn zwei sich begegnen, begegnen sich die ganzen Berge, die aber hundert Prozent Strahlkraft haben. Deswegen glaube ich, dass es da Resonanzen gibt, wo zwei zueinanderpassen. Aber auf einer ganz anderen Ebene als Prinz und Prinzessin." Wenn es also mit dem Partner eckt und eiert, könnte es sein, dass man etwas über sich selbst lernt, statt den Partner gegen einen anderen, scheinbar besser passenden auszutauschen. Das zumindest ist die Überzeugung beider Zurhorsts.

Ihre eigene Geschichte geht so: Journalistin lernt nach einem Burn-out zufällig einen erfolgreichen Geschäftsführer kennen. Sie finden einander im Gespräch ganz interessant. Langsam kommt ein Anflug von Verliebtheit dazu, aber sehr schnell eine unerwartete Schwangerschaft. Beide wollen das Kind, sie heiraten. Dann geht er fremd und sie will so nicht weitermachen. Wolfram intensiviert seinen „Außenkontakt", merkt aber:

Wenn er Frau und Tochter hinter sich lässt, bleibt auch vieles andere unbearbeitet zurück. Er beginnt eine Therapie, beschließt, sich selbst einmal besser kennenzulernen. Seine Frau geht einen ähnlichen Weg. Sie stellt sich die Frage, was diese Komplikationen sollen, was ihre nötigen Wachstumsschritte sein könnten. Und kommt zu der verblüffenden Erkenntnis, dass nicht ihr Mann ihr Problem ist, sondern sie sich selbst lieben, achten und ehren lernen muss, ehe sie das ihrem Mann geben kann. Kurzum, die beiden finden wieder zueinander. Seither geben sie gemeinsam Ratgeber für Paare und Beziehungsfragen heraus, begleiten in Seminaren und Coachings alle Suchenden, die bei ihnen einen Raum erhoffen, wo sie sich öffnen können. „Wir leben medial mit einer verstümmelten Wahrheit, mit einem Hochglanzbild des Menschen und des Lebens, sodass Menschen das, was sie erfahren, als vollkommen abnormal erscheint. Wir versuchen, den Raum zu schaffen, dass der Mensch wieder Mensch sein darf", erläutert Eva-Maria Zurhorst. „Wenn bei Seminaren der Erste aufsteht und sagt, wie es ihm geht, atmen die anderen hundert im Raum auf. Das Dilemma ist, dass das, was zum Menschsein und zur Beziehung gehört, die Konfrontation mit dem Schmerz, keinen Platz mehr hat."

Dabei gehe es aber nicht um eine seltsame Leidensmystik, sondern vielmehr darum, dass „Prinzessinnen Frösche küssen und Prinzen den Drachen töten", meint Eva-Maria allegorisch. Es geht um die eigenen dunklen Seiten, die Welt unterhalb der Eisbergspitze. Den Abschied vom Anspruch, perfekt sein zu müssen, hin zum Abenteuer, einfach Mensch sein zu dürfen. Und das liege darin, sind beide sich einig, sich mit seinem ganzen Herzen dem anderen zu öffnen.

Wolfram Zurhorst hat sich seiner eigenen Bedürftigkeit, seinen weichen Seiten gestellt. Dafür handelte er sich von früheren Freunden die Frage ein, ob er nun ein Weichei geworden sei. „Das war hart für mich", gibt er offen zu. „Heute kann ich sagen, dass sich dieses Weichei wesentlich kraftvoller fühlt als je zuvor." Eva-Maria sieht eine Wechselwirkung zwischen dem Weicherwerden ihres Mannes und ihrer Fähigkeit, sich auf ihn einzulassen. „Frauen verhärten sich, wenn sie nach Nähe suchen, die der Mann ihnen nicht geben kann", ist ihre Erfahrung. Frauen hätten dann den Druck, alles selbst machen zu müssen und alles selbst haben zu wollen. „Das bewirkt die ganze Verzickung, Verhärtung, Verspannung bei Frauen", ist sie überzeugt. „In dem Maß, in dem mein Mann sich für bestimmte Ebenen seiner selbst, für seine Verletzlichkeit, seine Tränen, auch für Fragen und Suchen geöffnet hat, hat mich das entspannt. Weil ich ihm nun auch so begegnen kann." Der Welt, meint sie, fehle das Weibliche. Nicht in Form von Frauen, sondern von Empfänglichkeit, von Männern und Frauen gleichermaßen.

Womit wir bei einem Kernthema vieler Beziehungen gelandet sind, der Sexualität. Da ist das Ehepaar Zurhorst überzeugt, dass es zu einer grundlegenden Weiterentwicklung kommen müsse, um Menschen zufrieden zu machen. Unsere bisherige Sexualität basiere auf Polarität. Darauf, dass wir etwas sehen und begehren. Die Polarität aber verhindere, dass wir uns näherkämen. Daher wandere das Begehren häufig in die Vorstellungswelt ab, in Bilder im Kopf, die ganz kräftig befeuert werden durch überall verfügbare Pornografie. Für viele Paare sei das Habenwollen der Anfang vom Ende der Beziehung. Die Zurhorsts sehen Sexualität hingegen ganz anders: „Sexualität ist in Wahrheit Meditation – ein Sich-Öffnen und In-sich-Hineinfallen. Erfüllende Sexualität ist die Frage, wie weit zwei Menschen sich hineinfallen lassen und sich in allen Bereichen füreinander öffnen können." Ihr Bild einer gelungenen Verbindung ist das eines inneren energetischen Kreislaufes.

„Der Mann gibt im Unterleib in die Frau hinein. Die Frau öffnet sich, um zu empfangen, und die Frau wiederum gibt aus ihrer Brust heraus, aus ihrem Herzzentrum, in den Mann hinein, was er wiederum empfängt." Wenn die Penetration von Frauen nur zu einem gierigen Nehmen wird, entstehe ein Kurzschluss im System. Deswegen bleibe nach dem Sex oft ein Gefühl der Leere. Es wurde nichts gegeben und empfangen, sind die Zurhorsts überzeugt. Sie möchten lehren, dass der Mann sich wieder ganz geben darf und seinen Körper öffnen kann, und dass auch die Frau sich von innen öffnet.

Sie selbst sind sich das größte Experimentierfeld. Seit etlichen Jahren haben sie dazu die Meditation und die Stille als notwendigen Resonanzraum für sich entdeckt. Auch das sei kein Sonntagsspaziergang und müsse langsam, manchmal auch mühevoll erlernt werden. „Ich muss dem Drachen ins Auge blicken", sagt Eva-Maria, „alles andere ist geschummelt, das ist Weichspülgang." Man müsse sich mit den vielen ungesunden Prägungen, die man mitbekommen hat, konfrontieren. Und es brauche sehr viel Selbstliebe, die man erst entwickeln müsse, um neue Wege wagen zu können.

„Wer nicht Nein sagen kann, kann auch nicht Ja sagen", ist Eva-Maria Zurhorst überzeugt. Gerade Frauen hätten im Zuge der Emanzipation gut gelernt, Grenzen zu ziehen. Nun gehe es darum, zu fragen, wie sie als Frauen auch erfüllt leben können. Und da komme man unweigerlich zum Thema, nicht nur loszulassen, sondern sich auch einzulassen. Wie das geht? „Küssen Sie tapfer das Monster in sich selbst und sehen Sie, wohin es sich verwandelt", sagen Eva-Maria und Wolfram Zurhorst. Vielleicht stehen der Prinz oder die Prinzessin ja schon vor Ihnen, nur haben Sie ihn oder sie bisher für einen Frosch oder ein Aschenputtel gehalten.

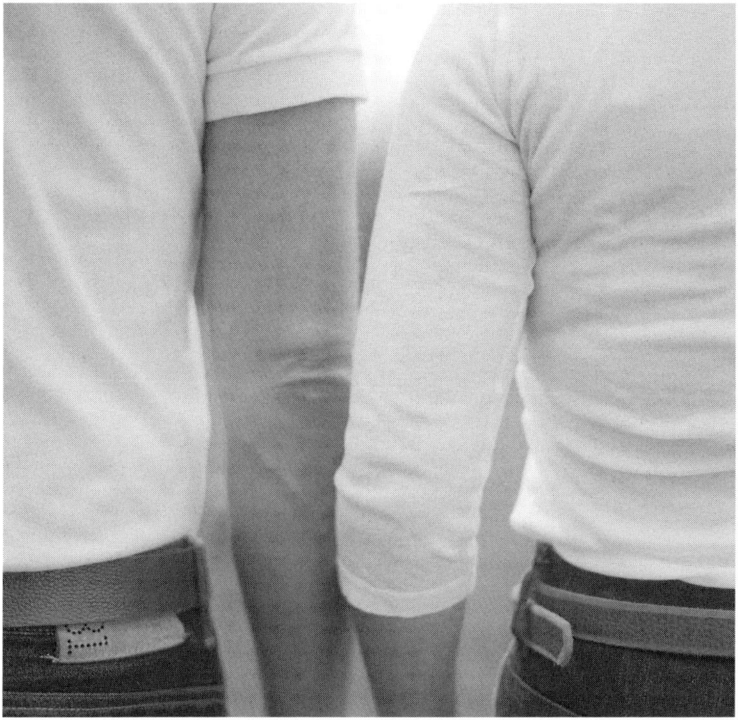

Christine Haiden ist seit 1993 Chefredakteurin der „Welt der Frau", seit 2007 Präsidentin des oberösterreichischen Presseclubs.

Petra Rainer ist Fotografin mit Schwerpunkt Menschen in ihrem Lebens- und Arbeitsumfeld.

Die Geschichten in diesem Buch sind eine gekürzte und überarbeitete Version von „Sonderpaare. Gespräche über das Leben zu zweit", 2011 im Residenz Verlag erschienen.

107

Christine Haiden
Petra Rainer

WUNDERBAR WEISE

*Lebenserfahrungen
100-Jähriger*

ISBN 978 3 7017 15794

100 Jahre alt zu werden, ist der Traum vieler Menschen. Doch wie lebt es sich, wenn man dieses Alter tatsächlich erreicht?

Christine Haiden und Petra Rainer haben die 100-Jährigen selbst gefragt. Die hochbetagten Männer und Frauen haben ein wechselvolles Jahrhundert durchmessen, jede und jeder auf seine unverwechselbare Weise anders: So hat etwa Alice Herz-Sommer noch Franz Kafka gekannt und mit ihrem Sohn Theresienstadt überlebt, Baron Lothar von Sternbach hatte als selbstbewusster Südtiroler 1941 die Option für Nazideutschland nicht unterschrieben und Renate Brausewetter war einst Stummfilmstar.

Hier versammelt sind ihre wesentlichen Gedanken über Alter und Zukunft, Gott und Gerechtigkeit, Glück und Glaube, Freude und Freunde, Leben und Liebe. Ein Geschenkbuch für alle, die sich am Wunder des Lebens erfreuen.

Christine Haiden
Petra Rainer

LEBEN!

*Erfahrungen,
die Mut machen*

ISBN 978 3 7017 32869

Dieses Buch macht Mut!

»Leben – wie geht das? Um darauf Antworten zu finden, kann man bei Philosophen und in der Dichtkunst nachschlagen, man kann die weisen Bücher der Geschichte befragen oder aber man folgt den Spuren dessen, was Menschen erleben. Besonders in den Brüchen, in den Zumutungen von Krankheit, Tod und Schicksal offenbart sich, wie das dichte Gewebe entsteht, das wir Leben nennen. Zwölf Menschen erzählen von einem Stück ihres Weges, sie erklären sich und uns, was sie gehört, gesehen und erlitten haben. Dabei entschlüsseln sie, was uns alle trägt: Zuversicht in unübersichtlichen Situationen, innere Stärke trotz äußerer Schwäche, Offenheit für die vielfältigen Stimmen um uns und Dankbarkeit für alle Zeichen von Zuneigung. Leben? Lieben!«

Michaela Karl

Ladies and Gentlemen, das ist ein Überfall!

Die Geschichte von Bonnie & Clyde

ISBN 978 3 7017 43704

Die erste deutschsprachige Biografie des legendären Ganovenpärchens.

Amerika in den 1930er-Jahren, die Zeit der Großen Depression. Um Armut und Arbeitslosigkeit zu entfliehen, entwickeln Bonnie & Clyde ein eigenwilliges Geschäftsmodell: sie rauben Banken aus. Bewundert von den Verlierern des amerikanischen Traums, halten sie das Land zwei Jahre lang in Atem. Doch dann erklärt FBI-Direktor Hoover den beiden Verbrechern den Krieg ...
Wie konnten zwei junge Menschen aus Texas, auf deren Konto kaltblütige Morde gingen, zu Volkshelden werden?
Michaela Karl erzählt in ihrem neuen Buch die spannende Geschichte von Bonnie & Clyde: Es ist die Geschichte von einem kompromisslosen Kampf gegen Staat und Gesetz – und von der großen Liebe.

Haide Tenner
(Herausgeberin)

Ich möchte so lange leben, als ich Ihnen dank- bar sein kann

*Alma Mahler – Arnold Schönberg.
Der Briefwechsel.*

ISBN 978 3 7017 32654

Das beeindruckende Zeugnis eines halben Jahrhunderts
Schöpferische Muse und betörende Femme fatale: Alma Mahler, ver- heiratet mit dem Komponisten Gustav Mahler, dem Architekten Walter Gropius, dem Schriftsteller Franz Werfel und liiert mit Künstlern wie Oskar Kokoschka, war sich ihrer verführerischen Wirkung als „Circe von Wien" wohl bewusst. Doch setzte sie ihre Möglichkeiten keineswegs nur in eige- ner Sache ein.

Der nun erstmals erschlossene Briefwechsel mit Arnold Schönberg zeigt dies in beispielloser Deutlichkeit. Haide Tenner führt durch 40 Jahre ei- ner besonderen Beziehung: Sie beleuchtet die kaum bekannte Seite der Alma Mahler als Förderin, Mäzenin und Kämpferin für diejenigen, an die sie glaubte. Die Briefe zeugen von einer nicht immer problemfreien Freund- schaft mit Arnold Schönberg. Was als ein Schriftwechsel über die Mög- lichkeiten finanzieller und gesellschaftlicher Förderung beginnt, gewinnt an emotionaler Tiefe, die sich auf beiden Seiten auch in gekränktem Stolz zeigt. Sie sprechen von den Höhen und Tiefen im Künstlerischen wie im Privaten, schließlich vom gemeinsamen Schicksal und der gegenseitigen Wertschätzung im Exil.

Alma Mahlers und Arnold Schönbergs Briefe haben bekenntnishaften Charakter. Beide Persönlichkeiten erscheinen in neuem Licht.